JN022032

学級経営力
向上シリーズ

THE OVERALL
CLASS
MANAGEMENT

赤坂真二[著]
Shinji Akasaka

ワンランク上の
担任力を！

学級経営大全

学級経営力アップ
6つのポイント

明治図書

はじめに

　令和が始まりました。私は，平成元年に小学校の教師として採用されましたので，平成と同じだけ教師という仕事をさせていただいたことになります。平成は30年ほどの年月でしたが，世の中は驚くほど変化したように思います。恐らく後になって，平成は日本の在り方の転換点だったと記憶されるのではないかと思っています。みなさんにとって平成はどんな時間だったでしょうか。一般的には，平成は平和な時代だったと言われます。確かに国内を見れば，武器を使った戦争はありませんでした。そういう意味では平和だったのかもしれません。しかし，海外に目を移せば，戦争のない年はなかったと言っていいくらい各地で武力衝突は起こっています。

　視線を国内に戻せば，武力を使った戦争こそ起こりませんでしたが，平成不況と呼ばれる，バブル崩壊後から続く先の見えない経済失速，それに伴う，「ジャパン・アズ・ナンバーワン」と言われた世界最高の水準を誇った日本製品，それを生み出した日本企業の凋落，そして，立て続けに起こっている自然災害などを見ても，「平和」と言っていいのか議論の分かれるところでしょう。本書は，台風19号によってもたらされた甚大な被害が報道される最中に執筆しています。

　また，何よりも平成に入ってから特筆すべきことと言ったら，2008年を境にして日本が人口減少期に入りました。日本はこれまで大幅な人口減少を経験したことがない国です。そこら辺の事情は既に拙著に書きましたが，人口減少に伴い，様々なリスクが予想されています。ゆっくりと確実に暮らしが蝕まれていく状況を，河合雅司（2017）は，「静かなる有事」と表現しました[*1]。有事とは，戦争状態を指すことが多いですが，大規模な自然災害なども含む非常事態にも使用される言葉です。今の日本が，徐々に迫り来るリスクに対して本気で準備しているようには見えないのは私だけでしょうか。

　こうした生活の変化，それに伴うリスクは，高齢者よりも働き盛り世代，それよりも若者世代，そしてさらに，みなさんが教え育てている子ども世代

に向かうに従って深刻度を増すと言われています。こうした混迷の時代の教育はどうあるべきなのでしょうか。

　平成の教育界を眺めるとそのスタートは，とにかく，授業のテクニック，授業のネタが注目される，「どのように（HOW）」を求める時代でした。哲学や思想を大事にしていた教師の関心が「やり方」に集まっていった時代でもあります。教師が「やり方」を求めた背景の一つには，不安があると見ています。みなさんも初めてのことをやらねばならないときに，「どうやるの？」と尋ねることでしょう。平成は，学級崩壊に象徴されるように，子どもたちが教師の言うことを聞かなくなった時期でもあります。「言うことを聞かない子どもたちをうまく動かすにはどうしたらいいか」ということに関心が集まったのです。

　私は授業のテクニックやネタなどの教育技術は不要だとは思いません。むしろ，そこを一生懸命に学ぼうとしてきた者の一人です。今もこれからも教育技術を学び続ける必要があると確信しています。しかし，一方で，今そしてこれからの教育界は，テクニックやネタだけでは課題を乗り越えることが不可能になってくることも知っています。多様化が進んだ世の中では，全国同じように，また，先輩と同じように，また，隣のクラスと同じようにやってもうまくいかないのが事実です。私たちが時代の変化を乗り越え，教育者として成果を上げ続けるにはどうしたらいいのでしょうか。

　私が講座の冒頭でよく引用する言葉に，オリンピック金メダリスト，ラニー・バッシャムの言葉があります。バッシャムは，ライフル射撃の選手として，ミュンヘン・オリンピック銀メダル（1972年），スイス世界選手権優勝（1974年），モントリオール・オリンピック優勝（1976年），ソウル世界選手権（1978年）で優勝した「最強」と呼ばれた選手です。そんな彼ですが，子どもの頃は，いろんなスポーツに取り組みましたが，悉くうまくいきませんでした[2]。しかし，あるときライフル射撃に出会い，1日5時間，週5日

のトレーニングを10年間続けました[*3]。彼は言います。

　「勝者とそれ以外の人とを隔てるものは，たったひとつ，『考え方』だけです。勝者は考え方が，他の人たちとは違うということです。わたしが知っている勝者たち全部にあてはまる回答は，これしかありません[*4]」

　目標の達成を「勝つこと」と表現するならば，教師が教育的成果を上げることは，教師にとって「勝つこと」だと言っていいのではないでしょうか。技術とは目的があってこそ，その役目を果たすものです。よく切れる包丁が優れた道具になるのは，おいしい料理をつくるという目的があるからこそです。性能のいい車が優れた道具になるのは，速く安全に行き先に到着するという目的があるからこそです。正しい目的なき高性能な道具は凶器にすらなり得ます。つまり，方法や道具の正しさは，その目的の正しさで評価されるのです。

　平成を教師として過ごしてきた私から見ると，平成という時間は教育においては，「やり方」への関心が肥大化した，目的を見失った時代だと言うことができます。私の目には，学力調査を中心にした学力向上も，働き方改革も目的なき方策に見えます。テストの点数を上げること，働き方を変えることが目的化されてしまっているように見えます。目的の質を上げるのも，目的を達成するのも，考え方です。考え方を誤れば，たとえ順調に目的地に着いたとしても，それは誤った目的地に順調に到着したというだけの話です。

　本書は，学級担任が学級経営力を高めるための「考え方」を示しました。もちろん，方法論も示してあります。ただし，それは考え方を理解していただくための例示です。やり方は汎用性が高くはありません。教室は，変化に満ち溢れています。昨日役に立ったやり方が，今日うまくいかないといったことが起こります。この子にうまくいったやり方が，あの子にうまくいかな

いといったことが起こります。しかし，考え方が理解できれば，応用ができます。理屈を知っていれば，変化への準備ができます。

　考え方を身に付けることで，変化に強いタフな教師になることが可能なのです。学級経営に重要だと思われる６つの側面から，学級を育てる為に必要な考え方をまとめました。関心のある章からお読みくださって結構ですが，余裕のあるときには最初からお読みになることをお勧めします。多岐にわたる学級経営の全体像を掴むことができるでしょう。

　2020年３月

赤坂　真二

📖 参考・引用文献

＊１　河合雅司『未来の年表　人口減少日本でこれから起きること』講談社現代新書，2017
＊２　ラニー・バッシャム，藤井優『メンタル・マネージメント　勝つことの秘訣』メンタル・マネージメント・インスティテュート，1990
＊３　前掲＊２
＊４　前掲＊２

もくじ

③ 成功における「常識」を知る

④ 教科指導で学級経営をする

基本原則を踏まえる

学級崩壊の正体

 学校教育の転換期

　平成に入り，学校教育の問題が一気に顕在化したように思います。若い先生方にとっては，今更，平成の話をされても……と思うかもしれませんが，全てつながっている話なのでちょっとだけ我慢してお付き合いください。

　平成に入って最も世の中の耳目を集めた教室の問題と言えば，学級崩壊でしょう。

　平成は，それだけでなく，いろいろな問題が起こりました。学級崩壊の問題と切り離しては考えにくいとされるのが，所謂「気になる子」の問題です。荒れたクラスに行くと，必ずと言っていいほど発達の問題が指摘される子どもたちのことが話題となりました。そして，彼らが学級崩壊やクラスの荒れの原因のように言われることもありました。

　それから，モンスター・ペアレントと呼ばれる学校に法外な要求をしてくる保護者のことも話題となるようになりました。また，同僚との関係がうまくいかないという話題もよく耳にするようになりました。以前は，学校の問題は職員室の外で起こっていたのが，職員室の中でも起こるようになりました。そして，近年は学校や教職のブラック化の問題，これは社会的にも注目されています。上記の問題は，いずれも解決されることなく「今」に引き継がれているのは，みなさんがご存知の通りです。

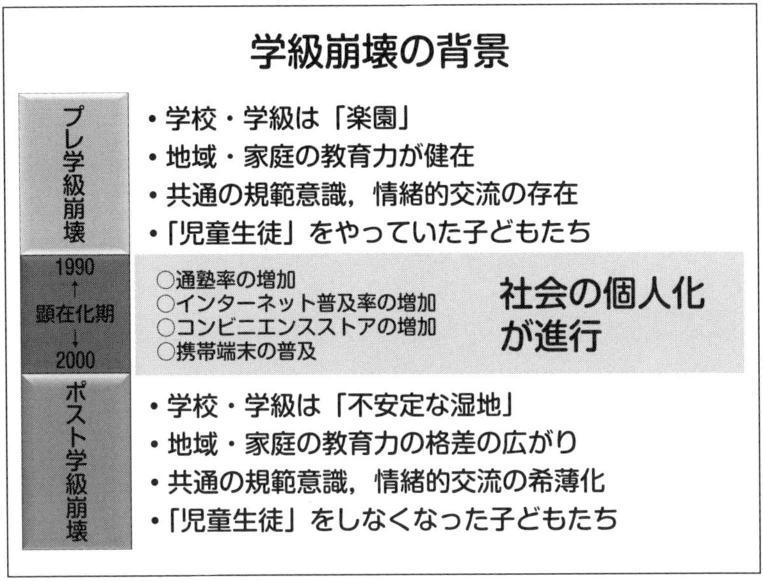

図1-1　1990年代前後の学校を取り巻く状況

　私は，1990年代が，日本社会の転換点だったと考えています。それは，世界の一流国になろうとしてがんばってきた日本が，「息切れ」してきた時期とも言えます。個人的には日本が先進国から脱落したとは思っていませんが，「最早，先進国ではない」「開発途上国以下の国になった」，そういう指摘をする人が出てきたことも事実です。少なくとも，2000年以前は，そんな声が聞こえてくることはなかったのではないでしょうか。

　1990年代を転換点とした学校を取り巻く変化をまとめたものが図1-1です。1990年以前の学校が，「楽園」だったとは言いきれない出来事もありました。1980年代前後の校内暴力やその後のいじめの第一波もありましたが，それはどちらかというと一部の地域，学校，思春期の問題と限定されていたところがあります。学校は，まだ，「楽園」と捉えられている部分もありました。しかし，学級崩壊は，全国に広がり，幼気なイメージのある小学生が主役だったことで世間に驚きを与えました。しかも，校内暴力が数年の間に

沈静化したのに対し，学級崩壊は未だに有効な解決策が見出されていません。学校は，「楽園」から「不安定な湿地」になったのです。

学級崩壊のマクロ要因

　この1990年代に何が起こったのでしょうか。

　学級崩壊が起こった頃は，いろんな方が様々な方面から学級崩壊を分析しました。子どもが変わった，保護者，家庭の教育力が落ちた，教師の指導力が足りない，指導に柔軟性が欠けているなどなどです。しかし，これくらいならば，素人でも言えるのではないでしょうか。当時の分析は，週刊誌レベルと言ってもいいレベルだったかもしれません。

　しかし，中には時代の有り様を鋭く突いた分析もありました。尾木直樹（1999）は，学級崩壊を次のように定義しました。「小学校において，授業中，立ち歩きや私語，自己中心的な行動をとる児童によって，学級全体の授業が成立しない現象[*5]」。尾木の主張の注目すべき点は，中・高・大における教育困難な現象や荒れと，学級崩壊を明確に区別していることです。尾木は，学級崩壊を，

> 　「一人担任制」における教師の指導力の解体

として捉えたのです。

　尾木は，その背景として，情報化社会による学校の魅力の低下，学校が個を重んじる感性などの変化を受け止められなかったこと，家庭，地域の教育力の低下によって幼児期に必要な能力が育成されていないことなどを挙げました[*6]。教師の指導力の解体と捉えながらも，それは，教師個人の力量の問題というよりも，主に社会の変化によって起こっているのだと指摘しています。尾木の主張は，学級崩壊は，子どもや家庭が変わったからというのではなく，

> 学校が変わらなかったため，子どもたちを受け止めることができなくなった

と捉えているところが，他の週刊誌的な分析とは一線を画していると言えます。

　学級崩壊を，ユニークな仮説を立てて検証した研究もあります。須藤康介（2015）は，小学校における学級崩壊に対して，ミクロ的視点・マクロ的視点で仮説を立てて，その検証をしました*7。須藤（前掲）によれば，「ミクロ要因（教育実践的な要因）としては，小6プロブレム仮説・ベテラン教師仮説・学級規模仮説・個人要因仮説が，多少の補足を伴いつつ支持された。マクロ要因（社会構造的な要因）としては，教師地位低下仮説・消費社会浸透仮説・情報化社会進展仮説が，都道府県データから支持された」とのことです*8。

　須藤の研究で注目したいのは，ミクロ要因の，小6が荒れること，ベテラ

ン教師のクラスが子どもとうまくいかなくなって荒れること，学級規模が大きくなると荒れの割合が高まること，子ども・家庭・教師のいずれかに問題があって荒れることは，従来からあったものであって，学級崩壊を考えるときには，マクロ要因がその要因だと捉えるべきだとしていることです[*9]。つまり，学級崩壊は，教師の地位が低下したこと，コンビニなどの普及により消費者感覚が世の中に浸透したこと，情報化社会によって情報をもっているのが教師だけでなくなったことなどによる社会の変化によって，引き起こされたものであると捉えた方がいいということです。因みに，教師の地位低下の指標として須藤が指摘しているのは，大学進学率です。大学進学率が大衆化している地域ほど学級崩壊が生じやすいことを，データに基づき主張しています[*10]。

　尾木，須藤らの分析に私なりの解釈を加えるならば，1990年代は，コンビニの普及，インターネット，携帯端末の普及などに象徴されるように，社会の個人化が進行した時期です。学級崩壊と時期を同じくしてモンスター・ペアレントの問題も指摘されるようになりました。消費者意識の拡大により，学校は教育機関からサービス機関として受け止められるようになっていったと思われます。この時期，知識層であった教師は，また，知らないことを学べる場所である学校は，大学の大衆化と情報化社会の浸透で，急速に相対化されていき，魅力を失っていったと考えられます。教師が指導力を失ったのではなく，

> **教職そのものが，散らばりゆく子どもたちや保護者の紐帯としての役割を果たせなくなった**

のだと考えられます。

　従来から荒れやすい要因をもったハイリスクなクラスは存在していました。しかし，そのようなクラスでも教育活動が成り立つ社会だったのです。クラスの荒れを洪水に例えるならば，その頃はまだ水位が低い状態だったと考え

られます。ところが，社会の変化によって水位が上がり，水没してしまった
クラスが出現したのです。それが学級崩壊です。

　校内暴力がなぜ沈静化したのでしょうか。それは，徹底的な管理教育をし
て，荒れを抑え込んだからです。なぜそれができたのでしょうか。学校がそ
れをすることを，当時の社会が許容したからです。しかし，今の社会がそれ
を許すでしょうか。1990年代は学校五日制（1992年〜2002年）が導入された
時期でもあります。時代の流れとはいえ，学校がその影響力を政策によって
手放していった時期でもあります。学級崩壊を力尽くによって抑えようとし
た学校関係者がいなかったわけではありません。

　未だに，若手教師が子どもたちと仲良く，賑やかにやっていると「そんな
ことをしていると子どもたちに舐められる」「しめるところはしめなさい」
と助言するベテランが周囲にはいませんか。学級経営の原理を踏まえての助
言ならば，耳を傾けた方がいいでしょう。しかし，そうした助言の中には，
ミドルリスク学級を，力で抑えた経験からの助言もあることに注意しなくて
はなりません。実際にそのような助言を受けて，昨日まで子どもたちと仲良

くやっていた先生が，突然厳しく叱り出したために，子どもたちの不信感を
かってしまい，クラスがうまくいかなくなった事例も多数あります。

　ただ，私はそういうベテランが悪いと言いたいのではありません。ベテラ
ンたちは，それで成功してきたことを若手に伝えているだけです。だから，
彼らにとっては真実なのです。しかし，それが今の若手の状況に適用できる
かどうかは，わからないのです。クラスのリスクレベルを見誤ると大変危険
であることが指摘できます。

　影響力が弱まった学校や教師が叱ったくらいで，子どもたちは決して屈し
ません。今の大人に子どもたちを抑え込む力などないと思った方がいいので
す。

📖 **参考文献**

＊5　尾木直樹『「学級崩壊」をどうみるか』ＮＨＫブックス，1999

＊6　前掲＊5

＊7　須藤康介「学級崩壊の社会学　ミクロ要因とマクロ要因の実証的検討」明星大学教育
　　　学部研究紀要第5号，2015年，pp.47-59

＊8　前掲＊7

＊9　前掲＊7

＊10　前掲＊7

すぐにできる「働き方改革」

 ありがた迷惑な制度

　近年，先生方を悩ます問題に，「働き方改革」の問題があります。大学院を修了し，教師になった若き先生方が言います。「先生，生徒指導ばかりやっていて，授業まで行き着きません」と。主観的な感覚では，「8割が生徒指導」だそうです。みなさんはいかがでしょうか。

　確かに，先生方がちょっとがんばって授業をしようと思って準備しても，休憩時間にケンカなどがあったら，それでもう，その構想並びに授業者である先生方の意欲が消し飛んでしまいます。働き方改革で，事務仕事が減ったとしても，教室では意欲のない子どもたち，給食を食べようとしない子どもたち，清掃をしない子どもたち，孤立する子どもたち，人間関係が悪い子どもたち，いじめ，不登校，キレる子，授業における不適切行動が度々起こっていたら，8割生徒指導と言いたくなるのもわかる気がします。

　私の学級経営講座には，大学で教材や授業法についてふんだんに学んだ人たちも顔を出します。クラスが落ち着かずに，学んだことが活用できないのだそうです。私も学級崩壊をしたクラスを担任していた当時（例えば6年生）は，来る日も来る日も生徒指導に追われ，とても授業にまで手が回らないという状態を経験しました。朝教室に行けば，女子グループがカードゲームをしているし，休憩時間が終わって教室に行けば，男子が胸ぐらをつかみ

「働き方改革」と言うが…

おー まいがーツ

合って一触即発の状態になっているし，昼休みには，男子十数名が屋上で火いたずらをして校舎を燃やすわ，放課後になれば，女子の靴が隠される。もちろんこれが1日に全部起こるわけではありませんが，このうちのいくつかがランダムに起こるわけです。授業は進まないし，放課後は事後指導，事後処理で事務仕事はたまる一方でした。

　これでもし，「○曜日は，一斉退勤の日」なんて言われたら，もう耐えきれなかったかもしれません。「一斉退勤」のようなシステムに救われる方もおられることはわかりますが，それは，「平時」の話で，学級崩壊のような「有事」には，ありがた迷惑な制度と言わざるを得ません。

　一方でもし，学級が落ち着いていたらどうでしょう。

　教室に行けば，子どもたちは意欲的に勉強し，給食をもりもり食べ，清掃

も協力的に行い，学校行事は盛り上がる，おまけに「学校が楽しい」とか「勉強がよくわかる」なんて言う声が聞こえてきたらどうでしょう。出勤するのが毎日楽しくなるのではないでしょうか。当然，事務仕事も捗りますし，退勤時刻も早まることでしょう。いや，もっと面白い授業をするぞ，なんて思って，帰るのが逆に遅くなるかもしれません。

教師が「搾取」されているもの

今，先生方から奪われているのは時間ではありません。他でもない，

> やりがい

です。みなさんは，なぜ，教師になったのでしょうか。いじめをなくしたいと思って教師になった方もいるでしょうが，それは少数派で，多くの方は，授業がしたくて教師になったのではないでしょうか。更に言うと，ただ授業がしたいのではなく，授業を通じて達成感を感じたり子どもたちとつながったりしたかったのではないでしょうか。

　働き方改革の問題は，複雑な背景が絡んでいて，外野の方が言うほど簡単ではありません。先生方が奪われているものが時間ではなく，「やりがい」だとすれば，単に勤務時間が短縮されれば解決する問題ではないことでしょう。今の「働き方改革」の議論をお聞きしていると，時間を短くすること，負担を軽くすることだけに焦点が当てられていて，時間を短くして負担を軽減することで，「何をするか」というところが見えてこないわけです。

　新保元康（2019）は，「働き方改革」の視点として（新保は，学校は「改善」の積み重ねが大事と主張），「1　学校を変える主役は我々教職員」，「2　ICT＋αのアイデア」，「3　日常を変える」を挙げています[11]。職員の主体性を最も大事なリソースとして，機器の積極的活用とアイディアの積み重ね，そして，日常の改善を進めることによる改革は，とても説得力がありま

す。

　特に，「３　日常を変える」で，新保は「教師の過剰な負担を軽減し，同時に教育の質の向上をするためには，毎日の学校が少しずつ変わらねばなりません」と言います[*12]。負担軽減は，教育の質の向上のためです。しかし，負担を軽減すれば質が向上するかというと，そうはならないのも現実として起こりえます。質向上を見据えて，負担軽減をするのです。この視点を抜きにしては，働き方改革はありえません。負担軽減が目的化された，働き方改革は，「手抜き」を生むことでしょう。

　子どもは管理しても，生き生きとした姿にはならないし，意欲的にはなりません。かつてのような管理による教育は通用しないことは既に述べました。子どもたちの変化に対応するとともに，教師としての「やりがい」を創造す

「日常の改善」は
すぐにできる働き方改革

るにはどうしたらいいでしょうか。最も低コストの改革は，日常を変えることです。「千里の道も一歩より」と言います。日常を変えることは，回り道のように感じるかもしれませんが，

> 最も確実な改革

と言えるのではないでしょうか。

📖 **参考文献**

＊11　新保元康『学校現場で今すぐできる「働き方改革」 目からウロコのICT活用術』明治図書，2019

＊12　前掲＊11

指導力のある教師が知っていること

 3つの特徴

　学級崩壊が教師の指導力の解体によって起こっている，そして，それは教育実践上の問題ではなく，社会の変化などマクロな要因による影響が強いとするならば，全ての教師に学級崩壊のリスクがあると言っていいわけです。しかし，実際には，全ての教師のクラスが学級崩壊をしているわけではなく，しっかりと教育的な成果を上げている教師がいるわけです。彼らは，学級崩壊が起こりにくいローリスクな地域にたまたま勤務しているのでしょうか。

　学級崩壊していない教師の中には，幸運にも学級崩壊とは無縁な地域に勤務ができている方もいるのかもしれません。しかし，情報化，消費社会化，そして教師の地位の低下は，以前よりも進んでいると見られます。マクロなリスクをミクロな取り組みで回避，つまり，社会の変化にうまく対応し，教室実践レベルで成果を上げている教師はいないのでしょうか。

　ではここで，海外に目を向けてみたいと思います。情報化，消費社会化は，そして，主に大学進学の大衆化による教師の地位低下は，海外，特にアメリカをモデルにした日本社会の変化の中で起こってきたものだと考えられます。そこで成果を上げる教師のしていることに注目すれば，この状況を打開するヒントがあるのではないでしょうか。

　アメリカの教育実践家であり同時に教育研究家であるハリー・ウォンとロ

ーズマリー・ウォン（2017）は，次のようなことを指摘しています。「私たちは世界を旅して，様々な学校を訪れました。成果を上げる教師が担任しているクラスというのは一目見ればわかります。過去60年の研究の成果である三つの特徴が表れているからです[13]」

　その3つの特徴を，図1-2に示します。詳細は，お二人の書籍をお読みいただきたいと思います。世界中の教室を見てきた二人が，成果を上げる教師の特徴の第一に掲げるのが学級経営です。

　日本の教員研修では，学級経営というと，若手教師の課題であり，教育委員会などの官制の研修で学ぶ機会がなく，比較的優先順位の低いテーマです。しかも，日本の大学等における教員養成の段階では，専門科目がないなどのことがあり，学ぶ内容として位置づけられていない領域です。ベテランになってからは，「学級がうまくいっていない」とは言いにくい風潮すらあります。

　しかし，ハリー・ウォン，ローズマリー・ウォンの主張からは，

　成果を上げる教師は，学級経営の優先順位を上げて取り組んでいる

ことは明らかです。

成果を上げる教師

1　学級経営がすばらしい

2　子どもの学びと熟達のために授業を行うことを心得ている

3　子どもの成功に対して前向きな期待をしている

（H・ウォン/R・ウォン，稲垣みどり訳 2017）より

図1-2　成果を上げる教師の特徴

🐭 学級経営の充実

　学級経営の重要性は，平成29年３月告示の学習指導要領にも明記されています。しかも，今回の学習指導要領が学級経営において，これまでと一線を画しているのは，次のような方針です。平成28年８月26日に中央教育審議会教育課程部会から出された「次期学習指導要領等に向けたこれまでの審議のまとめ」には，次のように書かれています。

> 　そうした学校における，子供たちの学習や生活の基盤となるのが，日々の生活を共にする基礎的な集団である学級やホームルームである。これまで総則においては，小学校においてのみ学級経営の充実が位置付けられ，中学校，高等学校においては位置付けられてこなかった。（中略）総則においても，小・中・高等学校を通じた学級・ホームルーム経営の充実を図り，子供の学習活動や学校生活の基盤としての学級という場を豊かなものとしていくことが重要である。

　こうした議論の経緯から，平成28年12月21日の「幼稚園，小学校，中学校，高等学校及び特別支援学校の学習指導要領等の改善及び必要な方策等について（答申）」（中央教育審議会）には，「学習活動や学校生活の基盤となる学級経営の充実」として「子供たちの学習や生活の基盤となるのが，日々の生活を共にする基礎的な集団である学級やホームルームであり，小・中・高等学校を通じた充実を図ることが重要である」ことが明記されました。

　これを受けて今回の学習指導要領では，小・中・高の各校種の学習指導要領の総則に，「学級経営の充実」が記載されています。これまで，学級経営は，小学校のものでした。しかし，これからは違います。小・中・高の連続性の中で，学級やホームルーム経営を充実させることで，学びの環境を整えていくという方針になりました。

学級経営は，「学級づくり」という言葉ができてから，集団づくりにおける教師のパフォーマンスに焦点が当てられる傾向が出てきたように思います。子どもをいかに引きつけるか，子どもたちの人間関係をいかにつくるか，そうしたところに注目が集まりすぎていたのではないでしょうか。しかし，学級経営にそのような面がないわけではありませんが，学級づくりは学級経営の一部と考えた方がいいです。そもそも学級づくりとは，学級が荒れてきた時期に生まれた言葉だと捉えています。その意味では，先生方が

> 　「学級づくり」に注目している段階では，本当の意味での学級経営は議論されない

のではないかと思います。

　学級経営とは，教師の視点から見れば，「指導環境の最適化」です。スポーツ選手のパフォーマンスは，その選手個人の技量や身体能力も大事ですが，その環境も大事です。サッカー選手ならば，ピッチや芝生，野球選手なら，グラウンド，ダンサーなら舞台というように。集団競技ならば，チームメイ

トとの関係性も当然，重要です。関係性が悪かったらよいプレーができません。パフォーマンスを支えるのは，個人的な要因と環境要因があります。人間関係も環境と考えられます。

指導力の高い教師は，自分の指導力が最も効果的に発揮できる環境を整備しているのです。一流のスポーツ選手ならば，グラウンドや舞台の整備は，他者がやってくれます。しかし，教師はそうはいきません。授業が成り立つように，そして，教育活動が円滑に行われるようにするのは，教師自身の力によります。

日本の子どもたちは，ずっと従順だったわけではありません。大正デモクラシーから，1960年代の安保闘争，1970年前後の全共闘運動，大学紛争に至るまで，体制側に反旗を翻した人たちはいました。しかし，それらは学生，子どもというよりも若者の大人への反抗という構造でした。1980年代の校内暴力も中学生と一部高校生ではありましたが，同じ構造でした。権力や大人による鎮圧というように，その沈静化も同じ構造でした。

しかし，1990年代からの小学校に始まる学級崩壊に象徴される荒れは，力による制圧はできないのです。世の中の激変期を迎え，学校が本当の教育力を問われているわけです。「行かなくてはならない学校」からは，どんどん子どもたちが離れていくことでしょう。今，「行きたい学校」づくりが求められているのです。改革には長い時間がかかります。しかし，改善は明日からでもできます。そして，そのヒントは，多くの先生方が毎日のようにやっている学級経営にあるのです。

📖 参考文献

＊13　ハリー・ウォン／ローズマリー・ウォン，稲垣みどり訳『世界最高の学級経営　成果を上げる教師になるために』東洋館出版，2017
　　　本書は，アメリカで高い評価を得て，英語版は世界で400万部以上を売り上げ，二人は全米，世界中を講演している。

学級経営の基礎

 学級経営の内容

　世の中の変化を乗り越え，「行きたい学校」づくりの基盤となるもの，すぐにできる「働き方改革」の主要なパーツ，そして，指導力の高い教師が優先順位を上げて取り組んでいること，それが学級経営であると述べました。

　しかし一方で，学級経営とは何かがはっきりしません。学級経営は，研究の蓄積が少なく，共通して取り組むべきことが確認されていないのです。だから，学級経営のイメージは，教師一人一人によって異なるのです。

　そこで注目されるのが，白松賢（2017）の研究です[*14]。白松は，これまでの学級経営に関する考えの潮流に，生徒指導との関係を踏まえて学級経営の領域を3つに整理しました。それが，次頁の図です。ただし，図は，白松作成のものに，私なりの解釈（「現在地」「目的地」「育てる」「教える」「守る」の表記）が加えてあります。白松は，必然的領域を「学級のあたたかさを創る」もの，計画的領域を「できることを増やす」もの，偶発的領域を「ともに学級を創る」ものとしています[*15]。これを見ると，学級担任がやるべきことは明らかです。

　理論的な整理がなされず，各教師の文化論になっている学級経営に対して，共通事項を示すならばこうなるのではないでしょうか。この図によれば，学級経営とは，3つの内容から成り立つ営みと言えます。まず，自他を尊重し，

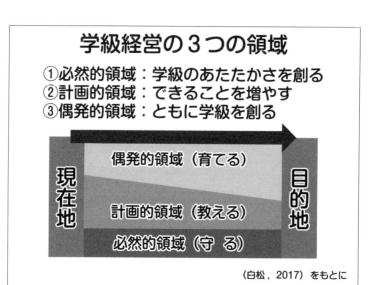

図1-3　学級経営の3領域

人権に関する問題の領域が，必然的領域。二つ目は，教師による計画的な指導や援助の計画的領域。三つ目は，問題解決や学校文化の創造にかかわる偶発的領域です[*16]。

　ここに基づき，私の解釈を加えます。学級経営のイメージとして捉えてください。

 ## 学級経営のイメージ

　学級経営に必要なことは，まず，学級の目的地としての理想像です。どんなクラスにしたいかという教師のビジョンです。そこには，教師の様々な価値観が反映されます。次に，現在地としての実態の見取りです。今，みなさんが担任しているクラスは，理想とどれくらいギャップがあるのでしょうか。その理想と現実のギャップが見えない人には，指導ができません。指導とは，理想と現実のギャップを埋める営みを言います。そして，子どもたちを現在

地から目的地へ導くための具体的な指導方法です。それが，図の現在地から目的地に向かって右に伸びた矢印です。

　教師は，目的地を目指し，３つの営みを通して理想を実現することになります。一つ目が，必然的領域です。クラスのあたたかさを創り，守ります。まず取り組むべきことは，白松の言うように自他の尊重や個々の人権を守ることでしょう[17]。そうした意味で，教師が年度初めに「いじめ，差別は許さない」と宣言するなどは大事なことです。宣言した以上は，それなりの毅然とした指導が必要です。そうした厳しい指導も，あたたかさを守るためには求められます。また，自他の尊重や一人一人の人権を守ることの前提は，一人一人に感情的投資がなされることです。一人残らず全員に「関心が向けられる」ということです。それを愛情を注ぐと言い換えてもいいかもしれません。

> 一人一人に関心が向けられ愛情が注がれることが，学級経営の基盤

となります。この意味で，教師と個々の子どもの個人的信頼関係の構築は，極めて重要な学級経営の要件と言えます。一人一人の人権が守られること，そして，一人一人に愛情や関心が注がれることが保障されることという意味で，私は，この領域を「守る領域」と呼んでいます。

　二つ目の計画的領域では，白松は「学習や生活のきまりごと」の習慣化，授業や教育活動における学習・作業手順の見える化を挙げています[18]。学習ルール，生活ルールの指導は，学習の達成，集団生活には必須です。また，学習・作業手順の見える化も，学習を円滑に進めるだけにとどまらず，学習意欲の向上に欠かすことはできません。

> 学習方法でつまずかなければ，学習におけるストレスが減り，それだけ子どもたちが学習内容に集中することができる

のです。私は，そこに加えて，協働の知識・技能を指導したいです。意見の言い方，聞き方，意見の集め方，折り合いのつけ方などを身に付けることで，子どもたちは協力して問題解決をすることが可能になります。変化の時代には，力を合わせて問題解決する力が子どもたちの生きる力となっていきます。私はここを「教える領域」と呼びます。子どもたちの自立のためには，指導すべきことがあるのです。

　三つ目の偶発的領域では，白松は児童生徒による問題解決，児童生徒が文化・風土を創り出すことを挙げています[*19]。

問題解決能力の育成は，「筋トレ」と一緒

で，体験しなくては力はつきません。このとき教師に大事なことは，教えることではなく，見守ることです。見守ることは，見ていることだけではなく，子どもたちの活動に対して意味付けや価値付けを行い，さらに意欲付けることです。意味付け，価値付けは，子どもたちの活動が彼らの成長や集団の発展にどう貢献したかを伝えることです。意欲付けは，「ほめること」ではありません。彼らの成功を「共に喜び」，失敗に対して，次は大丈夫と「勇気づける」ことです。

　このイメージに基づけば，

クラスはまず，あたたかくなくてはならない

のです。必然とは，「必ずそうなる」という意味だからです。そして，あたたかさは，一年間ずっと守られなくてはならないのです。みなさんの現在のクラスは，あたたかいでしょうか。クラスが冷えてくると，子どもたちは不適応を起こします。暴れて人に暴力を加えるなどの積極的な子もいれば，教室や学校に来なくなる消極的な子もいます。アクティブ・ラーニングやICT機器を駆使した遠隔授業など，新しいことをやるにしても，一斉講義

型の伝統的な授業をするにしても，教室はあたたかくなくてはならないのです。一人一人に笑顔を向け，あたたかく名前を呼び，人権が侵害されることなく，もし，そのような事態が生じたときは，毅然と対処しなくてはならないのです。

　そうしたあたたかさを基盤にして，学習ルール，生活ルール，協働の知識・技能など教えるべきことを教えます。ルールと書くと，子どもたちの生活を管理，規制するモノと捉えられるかもしれませんが，イメージは全く異なります。学習，学級生活を円滑に進めるための手順です。いつ，何をどのようにして行えばいいかということです。朝，子どもたちが登校してから，下校するまで，子どもたちが迷うことなく行動できるように，です。しかし，場合によっては，迷うこともあるでしょう。そのときはリカバリーする手順がわかっていればいいのです。リカバリーする手順とは，「困ったときの対処の仕方が壁に掲示してある」，「わからないときは人に聞くことが習慣化している」，「困っていそうな人がいるときに声をかける行動が習慣化している子が一定数以上いる」などです。

こうした「教える領域」は，白松の図にあるように，段々，減少していくことが望ましいのです。教師が教えている段階では，できているとは言えないのです。できるようになるためには，教えたことを試す時間が必要です。

　私は，この領域を「育てる領域」と呼んでいます。「育てる領域」で，教師のやるべき最初の仕事は，子どもたちの問題解決の場を用意することです。子どもたちの問題解決能力を高める場として，学級活動が用意されています。しかし，近年はカリキュラムの過密化で，学級活動を実施していないクラスがあります。生活の諸問題の解決をやらないわけです。「時間がない」というのがその理由です。

　しかし，そうした教師に限って「うちの子たちは，自分たちからは何もしない」などと言うのです。当たり前です。自分たちから行動を起こす体験を積んでいないわけですから，子どもたちは自ら動き出すわけがありません。主体的な活動は，放っておいても育ちません。主体的な活動とは，

> 　指示をされずに動けるレベルにまで，手順を体得した子どもたちによって実現されるもの

なのです。

📖 **参考文献**

＊14　白松賢『学級経営の教科書』東洋館出版，2017
＊15　前掲＊14
＊16　前掲＊14
＊17　前掲＊14
＊18　前掲＊14
＊19　前掲＊14

気になる行動の
メカニズムを理解する

子どもたちの支援は理解から始まる

 "気になる子"って？

　落ち着きに欠けたり，粗暴な言動が目立ったり，友だちと人間関係をつくることが難しかったりして，なかなか集団生活に適応できない子どもたちはいませんか。配慮や支援の必要な子どもたちと言われます。"気になる子"と呼ばれたりしています。

　配慮や支援の必要性から見て，教室の中では大きく次の３つのタイプに分けられるでしょう。

① 　全体指導をすれば他者の手を借りなくても一人で自立的に行動できる子。教師が気になるか，気にならないかで言ったら，あまり気にならない子です。安心して見ていられる子なのかもしれません。全体への声かけで，大抵のことは理解して動くことができます。

② 　全体指導の中で，個別の声かけなどのちょっとした支援が必要な子。教師にとって，安心とまでは言いませんが，四六時中関心を払っている必要はない子です。全体指導の後，ちょっと注意を払うことはするかもしれません。ときには活動中，個別に声をかける場面が出てくることもあります。

③ 　全体で活動するときに事前指導や活動中にも個別の支援が常に必要な子。また，別室で個別の指導が必要のある子。活動中にどこかに行ってしまう

子どもやすぐにけんかを始めてしまう子には，常に注意を払っていなくてはならないことでしょう。また，グループ編成や学習活動の内容を決めるときに彼らのことを想定した具体的な配慮が必要です。

近年，この③の子が増えたと言われます。
③の子の存在感は，教師のなかで大きなものです。それが1人や2人ならまだしも，3人，4人となると「負担」と言っていいくらいの重さを感じる教師がいてもおかしくはないです。
"気になる子"というと，すぐに「発達障害」という言葉が使用されるようになりましたが，診断名がつくとかつかないとかにかかわらず，支援を必要とする子がいるのが今の教室の現実です。

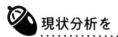 現状分析を

彼らの存在が学級経営を困難にしているという指摘をする人がいます。
"気になる子"は「困った子」と言われることもあります。しかし，「困った子」という表現は，教師側から見た言葉です。子どもたちから見たら，自分自身の問題に困っている状態なのではないでしょうか。こうした認識はずいぶん一般的になってきたように思います。その子に寄り添おうと思ったら，まず，

> 困った子は，困っている子

だと認識することがそのスタートになります。
"気になる子"を理解せずして，支援は不可能です。理解をするためには，現状分析が必要です。分析という言葉は，教育の世界では嫌われているように感じます。子どもたちを実験対象にしている印象があるからでしょうか。
しかし，子どもたちを理解するためには，もし彼らが問題を持っているな

らば，その問題を，まず知ることが大切だろうと思います。「木を見て森を見ず」という言葉があります。部分にとらわれて大局を見ないことですが，もちろん，こうした視点は教育に必要です。しかし，それは決して部分を見るなということではありません。"気になる子"の問題には，どんな側面があるのかしっかりと分析して把握することが必要です。つまり，やがて森を見ることを見据えながら，まずは，木を一本一本見ることからその森の理解を始めてみたいと思います。この森には，こんな木があり，木々の間には小川や湖があったのだとしっかりと見ていくことを忘れてはならないと思うのです。

　だからまず，ここでは"気になる子"の問題を分析して現状把握をしていきます。みなさんの教室の"気になる子"はどんな子ですか。

積極的な"気になる子"

　一口に"気になる子"と言っても，いろんな子がいることでしょう。

　例えば，キレる子ども。気に入らないことがあったり，特定の状況に置かれたりすると激しく感情を爆発させます。行動のきっかけと結果に大きなギャップがあるので，周りはビックリしてしまいます。私のクラスには，教室内だけでなく，バス遠足で見学に行き，みんなで施設を見ていたときに混み合っていたので，背の高い子どもが自分の前に立ちはだかり，見たくても見られなかったのが頭にきて，そこで大暴れし，ガイドさんに暴言を吐くような子がいました。

　ものすごくこだわりが強い子もいます。昨年，いやもっと以前に言われた悪口を覚えていて，そのことを現在のけんかに持ち出すようなこともあります。また，一度印象に残ったことがあると，ずっとそれを言い続けることもあります。私のかつて担任したクラスには，朝，登校時に鳴っていた雷の音が怖くて一日中「カミナリッ，嫌っ，怖いっ」と泣いているような子がいました。また，お気に入りのTVのCMのフレーズをずっとつぶやいている

子もいました。

　やたらと反抗的な子もいました。何を言っても「え～!?」と口をとがらせたり渋い表情をしたりします。まだこれくらいなら可愛いもので，教師の言うことにひとつひとつ NO を言う子もいました。「教科書を開きましょう」と声をかけると「やだね」なんていうのは当たり前，「なんで，こんなことしなくちゃいけないんだ！」と怒りをあらわにすることもあります。

　逆にやたらと甘える子もいました。自分でできることも人にさせるようなことがあります。また，教師を独占したがる甘えん坊もいました。低学年くらいだとスキンシップを執拗に求めることもあります。他の子が教師に甘えようとすると「ダメ！」と本気になって怒ったりします。

　仕切りたがる子もいました。「オレ様男子」なんて表現されることもありますが，これは男子に限ったことではありません。女子にもいます。グループ活動などをすると全部自分で決めてしまうので，周囲には不満を感じさせてしまうことがあります。

 ## 消極的な "気になる子"

………………………………………………………………………………

　こうして外に向かって積極的に「発信」する子もいれば，反対に消極的な姿勢で「発信」する子もいます。

　例えば，とても自信のない子。手を挙げて発言したり自分から役を引き受けたりすることは，まずありません。ほめられても否定するような発言をします。自分のことが嫌いだとはっきり自覚していることもあります。そのくせ（それだからこそ）認めてほしい気持ちが強いので，クラスメートがほめられるとねたんだり，その子の悪口を言ったりします。

　また，ほとんどの場面で無気力そうに見える子もいます。たまに冷めた表情で笑うことがありますが，ほぼ無表情で明確な感情表現がありません。学校での活動に対しては，とても消極的です。学習中は，席に着きノートもそれなりに取っていますが，質問しても促しても反応が薄いのです。

学習が遅れているだけなら，それはそれで教師は大変ですが，それをなんとかしようとすることは多くの教師が覚悟していて，そんなに大きな負担感はないでしょう。つらいのは，働きかけても反応しないことです。

教　師「なんでこう考えたの？」
子ども「別に……」
教　師「これについてどう思った？　ちょっと言ってみて」
子ども「無理」

　こうしたやりとりが続くと教師としてもなかなか苦しいものです。他にもまだまだいろいろな子どもたちの姿が教室で見られているだろうと思います。
　いずれにせよ，"気になる子"が複数いるクラスは，「指導が難しいクラス」などと言われることがあります。以下の図は，かつて私が担任していたクラスにいた子どもたちの特徴的な行動をいくつか並べたものです。

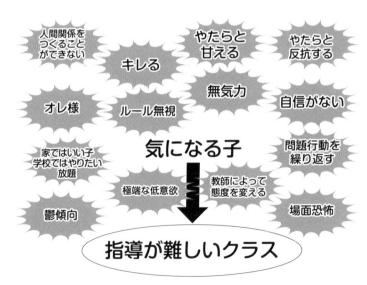

図2-1　あるクラスにおける「気になる子」の特徴

2 "気になる行動"はどこで起こっているのか

家では「いい子」

　ほんの一部の例を挙げましたが，これらの"気になる行動"は，学校で起こっていて，保護者に話してもなかなかわかってもらえないことがありませんか。こうしたことが教師の負担感を重くしています。これらの行動は，家庭ではあまり問題になっていないことが多いようです。だから，教師が現状を伝えても，「それは先生の指導に問題があるから」と捉えられてしまうことがあるのです。

　かつては，家ではだらしなくても，学校ではけっこうきちんとしている子どもが多かったのです。家では，テレビやゲームばっかりしてお家の人に「勉強しなさい」と注意されても「もうちょっと」なんて言ってなかなかテレビの前から動こうとしない子が，学校に来ると，授業では活発に発言し，役にも立候補していたりするので，個別懇談会でその姿を伝えると保護者も喜んでくれました。ときには「先生のおかげです」なんて保護者にほめられたりして教師もやる気になれました。

　しかし，"気になる子"の多くは，家では「気にならない子」である場合が多いのです。「気にならない子」というのは，学校で起こすような問題を家では起こしていない子という意味です。気になる行動の多くが，家族以外の人間関係のなかで起こっているからです。例えば，キレる子。彼らは，野

別幕なしにキレているわけではありません。特定の状況や言葉などをきっかけにしてキレることが多いと言われます。まるで，ピストルの引き金や爆弾の起爆スイッチのようなものがあり，それが押されたときに感情を爆発させます。クラスメートの中にはそれを知っている子どもたちがいて，ときどきスイッチを入れるわけです。キレると，その様子をはやし立てたり怖がったりして，怒りを助長する「盛り上げ隊」のような観客，つまり，他の子どもたちがいますので，怒りはさらに大きくなるわけです。

その子は，ひょっとしたら他の子どもたちより感情の起伏が大きく，表出の仕方が激しいのかもしれません。「ちょっと怒りやすい子」なのだろうと思います。しかし，家庭生活の中では，その子がキレなくてはならないような葛藤状況も学校ほど多くはないだろうし，スイッチを入れる子もいないし，「盛り上げ隊」もいません。だから，保護者はそんなに自分の子が学校で誰かに迷惑をかけているとは想像もできないのかもしれません。

気になる行動は，学校で起こる場所

反抗的な子は，教師に反抗しているのであって，親に反抗的とは限りません。むしろ家庭では親思いの優しい子だったりするわけです。しかし，反抗的な行動をするのは，教師に対して何らかのメッセージを抱いているからでしょう。だから，家庭では起こり得ないのです。このご時世ですから，子どもたちのそうした姿を伝えても，自分の子を指導するよりも「先生，ちゃんとしてください」という態度を示す保護者がいてもおかしくないでしょう（第1章で述べたように，「水没」している地域ではなおさら）。私がかつて担任していたクラスには，学校では教師に向かって「クソババア」「ハゲ」と叫んでいるのに，家庭では父母に敬語で話す子がいました。

「やたらと甘える子」も「オレ様」も「自信のない子」も，家庭生活の中では，あまり問題になるようには思えません。家庭では，甘えん坊は「かわいい」として受け止められているかもしれません。「オレ様」の子は，家庭

では，「また，生意気言って」と許されているかもしれません。また，「自信のない子」は家庭では，言いたいことを言っていたりするかもしれません。

　また昨今，家庭生活も多忙化しているといいます。忙しく暮らしていると親子のコミュニケーションの量や質も変わらざるを得ないでしょう。そうなってくると，短い時間で親御さんの愛情や関心をよりたくさん得るためには，子どもは家庭で「よい子」をしていなくてはならない状況もあるようです。

　気になる行動の多くは，子どもたちが自分自身に負荷をかけて（ときには他者からかけられて）がんばらなくてはならない，そして，多くの他の子どもたちと活動をしなければならない環境の中で，起こっているものだということです。

気になる行動は
家庭で起こっているんじゃない！

教室で起こっているんだ

気になる行動の気になるわけ

　"気になる"の気になる度合いを決めているのは何でしょうか。なぜ，気になるのか。キレる子どもの例で考えてみます。休憩時間にキレるのと，授業時間にキレるのでは，気になる度合いが違いませんか。どちらが気になりますか？　恐らく授業中でしょう。教師の重要な職務である授業の進行に支障が出ます。

　では，休憩時間に，貸し出しを楽しみにしていた本が誰かに借りられていて書架の前で一人でキレている場合と，ドッジボール中に，ボールが回ってこなくてキレた場合（いずれも事後に聞いた場合）では，どちらが気になるでしょう。恐らく後者だと思います。

　つまり，授業だからどうとか休憩時間だからどうだとかいうことはあまり関係なくて，社会的関係，つまり

┌─────────────────────────────────┐
　人間関係に支障を来すことが予見される場合
└─────────────────────────────────┘

に，気になる行動はその気になる度合いを高めるのです。

　先ほどの図書貸し出しの場面でも，他の子がいる図書館で暴れたらこれは気になる度合いがグンと上がります。一人で廊下で壁を蹴って悔しがっている分には，そんなに多くの人には迷惑をかけていません。しかし，図書館で暴れたら，それだけ多くの人に迷惑をかけることになるので教師としても気になる度合いが高くなるわけです。

　"気になる子"が，単独で暴れたり立ち歩いたり消極的な態度をとったりしても，そんなに気にならないのです。しかし，集団のなかでそれが起こると他者を巻きこむので，気になる度合いが高まる，という構造にあります。

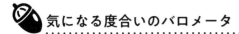
気になる度合いのバロメータ

　キレやすいとか，落ち着きがないとか，こだわりが強いといった個別の事情が気になるというよりも，それによって引き起こされる

　　　周囲との摩擦の大小

で，気になる度合いが決まってくるのです。

　いやいや，やっぱり気になるものは気になりますよと反論されるかもしれません。例えば忘れ物。昨日も忘れて今日も忘れた。そして，次の日も……なんてことがあると「まったくもう」と思いたくなる。それは私も経験がありますのでよくわかります。しかし，これも「忘れ物をしてしまう子」と「忘れ物をしてほしくない私」の間の摩擦として生じる，「気になる」という思いです。忘れ物をする彼に「明日は持ってきなさい」と指導して，素直に持ってきたら気にならないでしょう。

　しかし，現実には持ってきません。だから，気になります。"気になる子"の気になる行動は，声をかけたり注意したりしても改善がなかなか見られないことが教師の負担感を高めているようです。

　かつては教師の指導には，多くの子どもが従っていました。しかし，今は，指導すればするほど反抗的になったり，行動がエスカレートしたりする子がいます。かかわればかかわるほど，手を打てば打つほど事態が悪くなるのでは，徒労感が募るばかりです。

　と述べていると，やはり"気になる行動"が気になる度合いを決めるということになりますが，そうではありません。忘れ物は，明日も，明後日も忘れます。そして，その次の日も。つまり，客観的な行動は何一つ変わっていません。では，何が進行しているのか。それは，

です。人の心情は常に移ろいます。気になる行動が継続するうちに，その子を責めたくなるかもしれません。また，彼をちゃんとしつけてくれない家族に一言言ってやりたくなるかもしれません。また，場合によっては，自分の指導力に疑問をもち始めるかもしれません。などなど，彼の気になる行動が継続すればするほど，そうした苛立ちに似た心情が積み重なります。そんな思いがたまってくると，彼を冷静に見たり，普通におしゃべりしたり，ましてや彼のよいところを積極的に探そうなんて気にはならなくなってきます。

 ## 気になる行動の気になる度合いは，あなたとの関係性と関連している

　つまり，気になる行動が続くと，教師が余程気をつけていないと子どもたちとの良好な人間関係を損なっていくのです。気になる度合いの高まりは，"気になる子"との人間関係の悪化の度合いと比例すると見ることができます。もし，問題行動をする子がいても，教師がその子と良好な関係だったら，教師はそんなに彼のことを気にしないのではないでしょうか。場合によっては，「まったくしょうがないんだから」と許せてしまうかもしれません。

　しかし，教師が苛立つとどんなに表面的に教師が笑顔を向けていても，言葉の端々に出るニュアンスや態度や表情の変化から，子どもたちは，教師の本当の感情を見抜き，態度を硬化させていきます。みなさんも，言葉や表情に出さない相手の苛立ちとか不安感を感じることがあろうかと思います。子どもたちは，大人のそうした感情を見抜く達人たちですから，恐らくかなりの高い確率で見抜いてしまいます。子どもたちも「ぼくは先生にあまりよく思われていない」と認識することで，教師に対して心を閉ざしていきます。ますます，こちらの言葉や思いが届かなくなるわけです。

　そもそも気になる行動が続くと，それは問題行動と認識され，教師とその

子のかかわりは，その子が問題行動を起こす場面に限定されてきます。そうなると，教師とその子のコミュニケーションは，注意や叱責がほとんどになります。これでは，良好な関係をつくろうとしても無理があるというものです。

　"気になる子"がたくさんいるクラスは，指導が難しいクラスと言われます。しかし，それは見方を変えると，

> **あなたとの関係性が難しくなっている子がたくさんいるクラス**

と見ることもできます。

クラスはこうして荒れていく

「同時多発」の気になる行動

　では，上記のことを実際の事例で考えてみましょう。ある先生の教室で起こったことです。A先生とします。A先生は中堅の女性の先生です。熱心かつ優しく人気者の先生です。

　彼女のクラスにタツル君（小3）という男子がいました。タツル君は落ち着きがなく，授業中に立ち歩いたり，隣の子に話しかけたりします。先生は，彼に対して注意をしました。すると「なんで，オレばっかり注意するんだ，先生はオレばっかり怒る」と口答えをしました。彼は注意される度に，「なんで！」と口をとがらせ不満そうにしました。タツル君は，先生の注目が欲しくて仕方ありません。ここら辺では，まだA先生はそんなに困っていません。でも，なんとかしなくちゃと思っています。

　やがて，授業中にもかかわらず大きな声で，席の離れた子に「おい○○，昨日，野球観たか？」と話しかけるようなこともしはじめました。ときには，先生が普通に授業をしていると先生のところまで来て，「先生，トゲ刺さったから見て」と指を先生の目の前に差し出します。先生が「タツルさん，席に着きなさい」と注意しました。しかし，彼はそれには取り合わずに，「先生，ほら，見てよ，ほら」とさらに指を差し出します。先生もさすがに腹が立ち「タツルさん，いい加減にしなさい！」と大きな声を出しました。する

とタツル君は,「ウワーン」と泣き出し,黒板の前で大の字になって寝転んでわめきはじめました。A先生の苛立ちが見て取れます。一方のタツル君も先生の注目を得ようと,必死になってきました。何が何でも注目を引いてやろうと思っているようです。

　先生を困らせているのはタツル君だけではありません。A先生の「気になる子」にもう一人,リキヤ君がいます。リキヤ君はスポーツが大好きな元気な少年ですが,彼もなかなか先生の言うことを聞きません。タツル君が落ち着かない行動をすると,彼も負けじと近くの女子に嫌がらせをしたり,キツイことを言って泣かしたりします。注意しても叱っても,素直に聞こうとしません。

　タツル君に気を取られていると,リキヤ君が騒ぎ,リキヤ君にかまっているとタツル君がおかしなことを始めるという毎日。教室では気が休まる瞬間がありません。優しくしても厳しくしても効果がなく,改善する見通しがたたずに,先生はほとほと困ってしまいました。A先生の徒労感は募るばかりです。タツル君とリキヤ君による授業の混乱は,そのほかの面で影響が出ないわけがありません。A先生のクラスはこうして落ち着きをなくしていきました。

クラスが壊れる5段階

　"気になる子ども"がクラスを壊すという話は後を絶ちません。なぜ,こうした子どもがクラスを壊してしまうことがあるのでしょうか。"気になる子ども"がいくら先生の負担になったとしても,所詮は,数人です。それが,どのようにして数十人の集団を壊してしまうのでしょうか。

〈第1段階：繰り返される気になる行動による感情の喚起〉

　A先生のクラスの例で示したように,"気になる子ども"の気になる行動は,注意や叱責で簡単に止むものではありません。通常の教師の指導が通用

しません。教師から見ると，「どうしてこの子は注意しても直らないのか」とその子のことが文字通り「気になる」ようになるわけです。教師が具体的に注意や叱責をする前に，気になる行動による教師の感情の喚起が起こります。

〈第2段階：繰り返す注意・叱責・放置〉

　気になる行動が続けば，注意や叱責の回数も増えます。しかし，働きかけても効果がないとだんだんその気になる行動が放置されることもあります。教師は，次第にその子にいらいらしてきたり，「言っても聞かないからな」と諦めたりしたくなっている状態です。

〈第3段階："気になる子"と教師の関係の悪化〉

　注意や叱責を繰り返す教師をその子が好きになるはずがありません。注意や叱責をすればするほど，その子とのつながりが切れていき，指導や支援が効果を見せなくなります。また，何もせず放置をしておく教師のことだって好きになるはずはありません。かかわっても放っておいても関係がどんどん切れていきます。

〈第4段階：周囲の子どもと"気になる子"の関係の悪化〉

　"気になる子"の振る舞いで，授業が中断したり，自分たちも一緒に注意されたり叱られたりした場合，周囲の子どもは「あいつのせいで叱られた」「あいつがいると勉強が遅れた」「あいつがいなければ，このクラスは平和なのに」と"気になる子"を「厄介者」扱いします。クラスの人間関係に亀裂が入ってきます。

〈第5段階：その他の子どもの不満の蓄積と関係の悪化〉

　"気になる子"は教師の注目や関心を独占します。教師からすればそんなことはないわけですが，他の子どもたちから見れば，「先生はいつもあの子

（“気になる子”）のことばかりかまっている」ように見えるわけです。今まで自分に向けられていた教師の注目や関心が，“気になる子”に向けられるようになり，子どもは不満をもつようになります。普通に行動している子どもだって“気になる子”と同じように，教師の注目や関心が欲しいのです。「普通に行動していたら先生は見てくれない，だったら，自分もあの子のように席を立ったりおしゃべりしたりしてやろう」とする子が現れてもおかしくない状態です。

　これらを下に図示しました。なお，詳しいことは拙著で述べました[*1]。そちらも参考にしていただけたら幸いです。

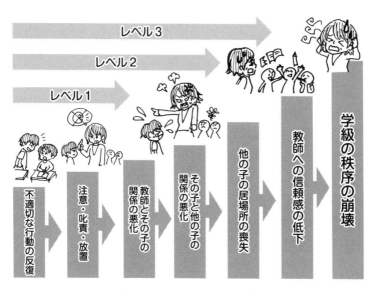

レベル3
レベル2
レベル1

不適切な行動の反復 → 注意・叱責・放置 → 教師とその子の関係の悪化 → その子と他の子の関係の悪化 → 他の子の居場所の喪失 → 教師への信頼感の低下 → 学級の秩序の崩壊

図2-2　クラスが壊れる段階

📖 参考文献
＊1　赤坂真二『アドラー心理学で変わる学級経営　勇気づけのクラスづくり』明治図書，2019

子どもの願いと対応

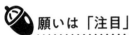 願いは「注目」

　"気になる子"をちゃんとさせられない先生に対する不満感は，自分への注目や関心の目減りで決定的なものになります。今まで，先生を支持しないまでもそれなりに言うことを聞いていた他の子どもたちにも教師の指導が入らなくなります。教師への信頼感が低下するわけです。

> **教師への信頼感は，クラスのルールの基盤**

でもあります。教師への信頼感があるから，クラスの秩序は守られます。教師の言葉がルールとして機能します。しかし，それが働きを失います。ルールを失った教室は，ご存知の通り"荒れ"ます。子ども同士の人間関係も壊れていきます。

　A先生のクラスでは，リキヤ君がそうです。リキヤ君は，やがてタツル君と同じようにおしゃべりしたり，周囲の子どもにいたずらをしたりするようになりました。リキヤ君は同調する男子とともに先生に対して反抗的な言動をするようになりました。彼らの無軌道な言動に，女子はだんだんと積極性を失い，自分たちの小グループ内でしか交流をしなくなり，クラスの人間関係の分断が進みました。A先生はなんとかしようと必死になって，タツル君

やリキヤ君を指導しようとします。彼らを指導しようとすればするほど，他の子どもたちに向けられる注目や関心は目減りし，それが教師への信頼感を奪っていくのです。一方，タツル君とリキヤ君がそれで良くなっていくのならば，教師はまだ救われますが，残念ながらそうはなりません。注意，叱責の繰り返しで，彼らとＡ先生の関係性がすでに切れかかっているからです。そんな状態で，Ａ先生の言葉が届くわけがないのです。

クラスの荒れのレベルに応じて対応する

では，クラスがぐらついてきたときにどうしたらいいのか，Ａ先生のクラスの例を挙げながら述べましょう。

Ａ先生のクラスは，先生が注意しても言うことを聞かず，タツル君やリキヤ君以外の子どもたちの表情も暗くなり，同じような不適切な行動をする子が出ていましたので，レベル３の「教師への信頼感の低下」の段階だったと考えられます。

① 注意・叱責・放置をやめる

私が相談を受けた者として，まず，Ａ先生にやっていただいたことは，タツル君，リキヤ君への不適切な行動に対する叱責をやめることです。授業中に立ち歩いても，黒板の前で寝そべっても，大きな声を上げて泣いても，です。笑顔を保ち，適切に授業を受けている子どもたちに向かって授業を続けてもらいました。また，同時にやっていただいたことは，タツル君，リキヤ君が適切な行動や，適切とも不適切とも言えない行動をしているときに声をかけることです。

先生は，二人の対応にほとほと困っていました。子どもたちへの声かけの量も減っていました。また，二人に対しては，注意や叱責がコミュニケーションのほとんどになっていました。だから，二人の特に授業中の不適切な行動には，注目しないことと同時に，挨拶は勿論ですが，休み時間に声をかけ

たり，お絵描きをしているときに「ステキだね」などのあたたかな声をかけたりしてもらいました。彼らは，注目してほしいのです。どうやって注目を集めていいかわからないから，

> 不適切な行動に頼っている

のです。

② "気になる子"と教師の関係を改善する✍

　みなさんの教室は不適切な行動をすると注目が得られるような環境になっていないでしょうか。

> 教師が"気になる子"の不適切な行動に注目することをやめ，適切な行動に注目すること

で，関係の改善が期待されます。

　不適切な行動によって注目を得ることはできないこととともに，その他の行動，特に適切な行動をすることによって注目を得ることができることを学んでもらうためです。

　最初，「不適切な行動に注目することをやめ，適切な行動に注目すること」は，A先生にとっては，相当なストレスでした。むしろ，2人を叱りつけていた方が楽だったかもしれません。しかし，A先生は，そこをうまくコントロールし，2人が授業中に声をかけてきても反応せず，「後で話そう」とか「休み時間にお話聞くよ」などと言って，長時間かかわろうとしませんでした。その代わり「後で」とか「休み時間に」と言ってあるので，授業が終わってから話を聞いたり，おしゃべりしたりお絵描きをしたりして「注意・叱責」以外のかかわりを増やすようにしました。しばらくして「後で」と言うと，たまに2人はそれを受け入れるようになりました。A先生は，「わかっ

てくれてありがとう」と言いました。これも適切な行動だからです。

③　その子と他の子の関係の改善🍂

　不適切な行動に対して注目をするのは担任の教師だけではありません。クラスメートも不適切な行動の増加に加担していることがあります。彼らが授業中に不適切な発言をして，他の子を巻き込もうとしたら，その行動をスルーしながら，その少し後で，巻きこまれなかった子に向かって「静かに話を聞いてくれてありがとう」と伝えます。

　他の子どもが，2人を快く思わないのは，授業を妨害することではありません。不満の根源は，授業が妨害されることによって，本来自分が得るであろう教師の注目が目減りすることです。不適切な行動をする子が注目されることで，

> 　自分への注目が減ることが耐えられない

のです。だから，他の子も適切な行動をしたら，ちゃんとそれを認めることです。もし，授業中彼らが立ち歩いたり，不規則発言をしたりして授業が混乱しそうになっても，それに巻きこまれなかった子どもたちに感謝の気持ちを伝えるようにします。「最後まで，授業に集中していたみなさん，ありがとね」と，笑顔で言いたいものです。

④　他の子の居場所の回復🍂

　2人以外の子どもたち一人一人とのコミュニケーション量の増加を図ります。これは特別なことをするのではありません。2人の不適切行動が顕在化する以前のように過ごすのです。先ほど言ったように，彼らが不適切な行動をしようとも，通常に授業を続けます。その他の活動も同じです。一人一人に声をかけ，おしゃべりをして，いいことはほめ，叱るときは叱り，困っているときは助言したり励ましたりします。普通のことをやります。ただ，彼

らが不適切な行動をしているのにもかかわらずスルーしているわけですから，言い方に気をつけた方がいいです。そうしないと，叱られた子どもたちの信頼が崩れている場合，「なぜ，あの子たちは許されるのに自分たちばかり叱られるのか」と不信感を増幅させる可能性があります。

　「～のときのルールを思い出して」（想起），「～ときは，～するんだったよね」（確認），「先生は，～してほしいな，～と思っているよ」（Ｉメッセージ）など，いろいろな伝え方があるでしょう。そして，聞き入れてわかってくれたら，「わかってくれてありがとう」と感謝の気持ちを伝えたいです。そして，行動を修正したら，「嬉しいな」と喜びを伝えたり，笑顔で頷いたり，ここでも適切な行動への注目を忘れないようにします。

　本章の冒頭に述べた「①全体指導をすれば他者の手を借りなくても一人で自立的に行動できる子」たちの支持を絶対に失ってはいけません。この子たちは，

> **個別のケアがそれほど必要なわけではありませんが，０ではダメ**

なのです。だから，日常の声かけを怠らないようにします。彼らの支持を失ったら，クラス全体が揺らぎます。そうすると，個別にケアの必要な子どもたちへのケアをする時間が取れなくなります。絵本を読み聞かせしたり，「恐い話（怪談）」をしたり，みんなで遊ぶ時間をとったりして，みなさんが得意なことで，楽しいことをする時間を確保する必要があります。通常の学級経営を心がけ，貫くことが大事なわけですが，荒れが見られるときは平常時ではないので，適切な行動に対する「喜び」や「感謝」を通じたフィードバックを多めにしておくのがよいと思います。

クラス全員が "気になる子"

 クラスを育てるのは教師にしかできない

　こうして "気になる子" が，"気になる行動" を繰り返すことによりクラスが "荒れ" ていきます。しかし，今説明した通り，"気になる子" がクラスを壊すというより，クラスが "荒れ" るかどうかは，その子への対応の仕方によるところが大きいのです。

> "気になる子" への過剰なかかわりや注目が，他の子の不満を募らせ，教師への信頼感の低下を招いていく

のです。このことは，毎日，"気になる子" への対応に苦労している教師には，ちょっとショッキングなことかもしれませんが，見方を変えれば教師にとって「一筋の光」と見ることもできます。つまり，教師の対応の仕方を変えれば，クラスを壊すことはなくなり，また，そうした子を含めてクラス全体を育てていくことが可能だということです。様々な事情がありますので，クラスが "荒れ" るのは教師の力量がないから，と簡単に言うことはできません。しかし，クラスを立て直したり育てたりするのは，教師にしかできないのです。

　それに，"気になる子" という表現も，もうやめたらいいと思います。"気

になる子"という言葉には，その周辺に"気にならない子"をつくり出す構造があります。教師にとって，子どもたちは全て"気になる子"でなければならないはずです。"気になる子"の問題を，全て特別支援の問題として見なすことも，通常の学級の教師が本来やるべきことを見えなくしているように思います。

クラスが"荒れる"ことを誰かの「せい」にしない

クラスが"荒れる"のは，"気になる子"の「せい」ではありません。

クラスが"荒れる"と，いや問題が起こると，すぐに「犯人探し」をしたがる人がいます。実際，多くのクラスが荒れ出した20年以上前から，責任をとらない学校が悪い，指導できない教師が悪い，ちゃんとしつけない家庭が悪い，いや，学級担任制度という仕組みが悪い，仲間集団が消えた地域が悪い，何よりも子どもが悪い……と犯人探しを続けてきました。それで「主犯」は見つかったのでしょうか。

実際は，学級崩壊の主犯を挙げるとすれば，マクロ要因，つまり社会の変化だったわけです。なぜ，学級崩壊するのか？という問いは，なぜ，雨が降るのか？と言っているのと同じです。雨は降るべくして降っています。学級崩壊も起こるべくして起こったのです。

それに，20年も経って犯人が見つけられなかったら時効です。そろそろそうした不毛で非生産的な議論をやめにして，今，悲鳴をあげている子どもたちのために何ができるかを真剣に考えてみるべき時に来ていると思います。社会が変わり，その一構成要素である学級集団も質が変わったのだと現実を認め，改革のための一歩を踏み出したいものです。

成功における
「常識」を知る

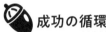 **成功の循環**

　学校改善の仕事にかかわらせていただくときに，一番最初に取り組んでいただくことは，教室内の人間関係づくりです（図3-1）。ターゲットにする教室の人間関係は，基本的に次の2つです。勿論，ここにチームティーチングや学習支援などで他の教師が加わることがあれば，その教師と子どもたちの関係もそこに生じることでしょう。そうなれば，必然的にそのクラスに関わる教師同士の関係性も問われることでしょう。しかし，全てのクラスに複数の教師がいるわけではありません。従って，下記の2つを教室における最もベーシックな人間関係と捉えます。

> 教師と子どもの人間関係（以下，T－C）
> 子ども同士の人間関係（以下，C－C）

　ここの構築と改善，向上を助言させていただきます。学級担任制でも教科担任制でもそれは同じことです。ただ，学級担任制においてTとは，学級担任のこととなり，教科担任制においては，その教室にかかわる全ての教師になることでしょう。ただ，中学校を訪問させていただくと学級目標や子どもが決めたキャラクターには，学級担任教師の名前や似顔絵が入り込んでいる

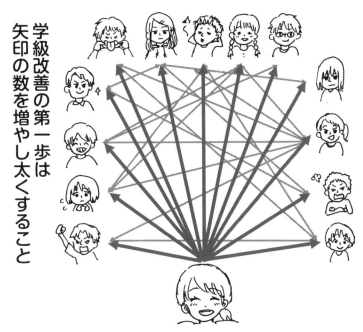

図3-1　教室における人間関係づくりのイメージ

例もありますので，教科担任制においても学級担任は，子どもにとって特別
な存在なのではないでしょうか。

　私への研修依頼は，学級経営の改善及び，その先にある授業改善です。し
かし，教室内の人間関係をある程度良好にしていない状態では，そこで展開
される教育活動は機能しません。どんな取り組みをするにしても，まず，教
室内の人間関係をある程度良好なレベルにすることから教育活動の改善が始
まります。

　それは以下の考えに基づいています。詳しくは，拙著で述べてありますの
でここでは要点だけを述べたいと思います[1]。教育活動は本質的に，「マネ
ジメント」であることです。中原淳（2014）によれば，「マネジメントの本
質とは『自分で為すこと』ではなく『他者によって物事が成し遂げられる状
態』をつくること」です[2]。教育の成果は，教師が何をしたかではなく，

子どもの姿及び子どもの成したことによって測られるわけです。子どもは，じっと待つだけでは教科書の内容を学ぼうとはしません。あの過密に綿密に組まれたカリキュラムを学ぶためには，教師の意図的な働きかけが必要です。

　子どもたちは，なぜ，あれだけ膨大な内容を学ぼうとするのでしょうか。受験を控えた子どもたちなら，そのために勉強するということもあるでしょう。しかし，受験をする子どもたちが，みんな学習に意欲的かというとそうでもないようです。ある私立小学校を参観させていただいたとき，なんとも言えない淀んだ空気が漂った6年生のクラスを見たことがあります。そのクラスの理科を担当する先生は，「この子たち，今日は起きていましたけど，普段は寝ています」と言っていました。聞けば，受験のため夜遅くまで塾で「がんばって」いて，学校では疲れてしまって寝ているというのです。受験に直結しない学校の授業は重視せず，ということなのでしょうか。しかし，同学年の別なクラスでは，ちゃんと授業を受けている子どもたちもいました。そのクラスの子どもたちが塾に行っていないかというとそんなわけはないのです。純粋に「眠たいから寝ている」というわけではなさそうです。

　「起きなさい」と言えば，起きるのかもしれません。しかし，そんなことをしても，「はあ？」みたいな反応をされて反発されるか，起きても何もしようとせず学習にならないことを承知しているから，寝かせておくのでしょう。余計な軋轢を生まないためには，「賢い選択」だったのかもしれません。

　ここでは，わかりやすいように極端な例を取り上げましたが，教室には，いろいろなモチベーションのレベルの子がいます。やる気に満ちあふれている子から，教室にいるのが精一杯の子まで様々です。思ったように学習に取り組まない子に対して，ある教師は面白そうな教材（ネタ）を用意したり授業の展開や発問，指示を工夫したりします。また，ある教師は無理矢理やらせようとします。

　無理矢理学習をさせる教師は勿論ですが，次々と手立てを工夫する教師もマネジメントにおける本質を見落としているように思います。学習意欲にグラデーションがある子どもたちに，教材や発問の工夫だけで学習に引きつけ

ようとすることに限界があると思いませんか。みなさんの教室にいる学習意欲の低い子どもたちは，教材に興味が持てないから意欲的になれないのでしょうか。また，発問の仕方や指示の仕方に工夫が足りないから学習しようとしないのでしょうか。もちろんそういう子どもたちもいることでしょうが，学習そのものにあまり関心が向いていない子はいませんか。学習そのものに対してやる気がない子どもたちには，違う方向からのアプローチが必要です。このモチベーションの差の壁を乗り越えるためにはどうしたらいいのでしょうか。

仕事の成功における「常識」

　他者を通じて，ものごとを遂げようとするときに，ダニエル・キムの提唱した「Reinforcing Engine of Success」（成功の循環図）が大きな示唆を与えてくれます[*3]。よい関係が，よい考えを生み，それがよい行動につながり，

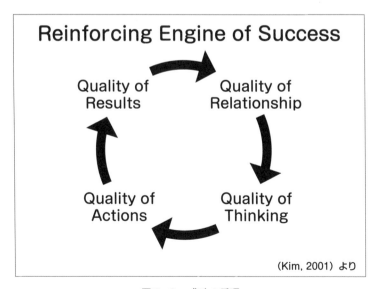

図3-2　成功の循環

よい結果がもたらされます。そして，さらにそのよい結果が，よりよい関係をつくるということです。この図から，組織としての"結果の質"を高めるためには，一見遠回りに思えても，組織に所属するメンバー相互の"関係の質"をまず高めるべきだと解釈できます。つまり，

> ### 仕事の成功は関係性の成功にあり

なのです。

「マネジメント」の世界では，ビジネスマンのブログ，書籍等でこの図やこうした考え方がよく引用されていますので，これは「常識的なこと」だと捉えられているのではないでしょうか。しかし，教育界では，こうしたことがあまり共有されていないようです。みなさんの教育活動における人間関係づくりの優先順位はどれくらいですか。例えば，授業に必要な知識を，「教材に関する知識」「教え方に関する知識」「子どもたちとの人間関係づくりに関する知識」の３つだとしたときに，優先順位はどうなりますか。ご自身に問いかけてみてください。

📖 参考文献

* 1　赤坂真二『資質・能力を育てる問題解決型学級経営』明治図書，2018
* 2　中原淳『駆け出しマネージャーの成長論　７つの挑戦を「科学」する』中公新書ラクレ，2014
* 3　Daniel H. Kim Organizing for Learning Strategies for Knowledge Creation and Enduring Change, PEGASUS COMMUNICATIONS, Inc. 2001.

あなたが望む教師としての自己実現

　私のような者が言うまでもなく，教師は子どもたちの指導から事務仕事まで多種多様な仕事をしています。しかも，それは教室の中にとどまらず，外部（地域の教員組織等）の仕事も膨大です。今時の教師で仕事が少ない教師などいないと思います。したがって，その仕事がどう評価されるかは，それぞれの教師のもつ仕事の優先順位のつけ方が大事だと思います。

　ある先生は，ある年，その自治体の教師が全員所属する研究会の事務局メンバーになりました。先生は，降りかかってくる膨大な事務仕事を放課後だけでは処理しきれず，20分休みや昼休みになる度に職員室に戻り，文書を作成していたそうです。また，事務局の仕事は打ち合わせも多く，放課後になると近隣の学校に出かけて会合をもつ必要があったと言います。すると，放課後に仕事ができないからか，休憩時間に書類を作らねばならないという悪循環が起こりました。教師が不在がちの教室で，子どもたち，特に女子同士の人間関係のトラブルが頻発し，とうとうそれが仲間外しに発展し，一人の女子が不登校になってしまいました。

　一方，ある先生は，ある年，大学の附属小学校の研究主任に抜擢されました。その附属小学校は「提灯学校」「不夜城」などと揶揄されるほど，先生方の帰りが遅いことで有名でした。その研究主任となれば，日付が変わる前

に帰れるかどうかわからない日々も予想されました。しかし，彼は校務分掌が知らされたとき，密かに誓いました。「よし，オレは絶対に子どもたちを犠牲にしない」と。膨大な仕事を抱えながらも，担任するクラスの子どもたちとは毎日のように昼休みに遊んだといいます。彼の公開する授業には，黒山の人だかりができるほどの参観者が集まりました。そのクラスの子どもたちの圧巻の学習の様子を見るためでした。

　対照的な例を挙げましたが，みなさんは，どちらのタイプの自己実現をお望みでしょうか。地域の研究会に貢献したいという気持ちはあるかもしれませんが，クラスを荒らしたいと思わないでしょう。仕事の仕方はいろいろあっていいかと思いますが，やはり，教師の仕事には優先順位があり，その性格上，

上位から外してはならないこと

があるでしょう。学校改善の折に，子ども同士の人間関係づくりをしましょう，と提案しても「時間がない」と仰る先生がいます。アンケート調査をすると不適応寸前の子どもたちがいるにもかかわらずです。人間関係づくりのために，一日中，何かをしてほしいと申し上げているのではありません。一例として「ほんの5分程度の人間関係づくりの活動をしてみてはどうですか」と言っているだけです。

 ## なぜ，優先順位が上がらないのか

　ビジネスの世界での常識が，なぜ，教育界では共有されないのでしょうか。それは間違いなく，学校は子どもたちが教師の言うことを聞くことが暗黙の了解になって成り立っている世界だからではないでしょうか。「子どもたちは，教師の言うことを聞くべきである」，これがデフォルトならば，教師は，子どもたちと良好な関係をつくるために手間暇をかける必要はないわけです。

しかし，ビジネスの世界ではそうはいきません。お客は，商品やサービスの提供者の言うことを聞かなくてはならないなどというルールはないからです。商品を選択してもらうためには優れた商品を開発する，信頼を獲得するなどの努力をしなくてはなりません。しかし，これだけいろんな商品が溢れるようになると，そもそも買ってもらう意欲を高めなくてはなりません。しかも，商品にはそう差が無い状態です。そうなると，売り手は，余程信頼を獲得しないと商品を買ってはもらえないでしょう。

　しかし，お客が黙っていても商品を買ってくれる状態だったら，売り手は信頼を獲得する努力などはしなくていいわけです。学校は長らく，子どもたちが素直に言うことを聞いてくれているところに胡座をかいてきたので，教師と子どもの信頼を獲得するとか，ましてや子ども同士をつなげるなんてことは考えなくてもよかったのです。

　問題は，子どもたちが素直に教師の言うことを聞く時代はとうに終わっているのに，未だに，その時代の教育を引きずっている教師が少なくないことです。地域によっては，まだ，そうした教育が成り立ち，また，地域や学校

で〜　　〜ん

関係者の中にもそういう教育を支持する方がいるから困ったものです。これは教師個々の問題というよりも教育界に根強くこびりついた垢のようなものだと思います。若い先生たちが，子どもたちと仲良くやっていると，「なめられるからもっと節度をもって」とか「けじめをつけるように」，「締めるように」とか，挙ってベテランが言います。そうしたベテランの心配はわからないでもないですが，もう少し，丁寧に助言してもらわないと，若手もベテランに認められたいから，次の日から突然，子どもたちを叱ったりするわけです。子どもたちにしてみたら，わけのわからない「裏切り」に見えることでしょう。

節度は大事だが，ふれ合いを失ってはいけない

ということをしっかりと伝えてほしいと思います。

　自己啓発の祖とも言われるカーネギー（山本訳，1995）は，言います。「たしかに技術的訓練は，正解が競争にしのぎを削っている間は，依然として重要だろう。しかし，それは新しい実業界への入場料にしかすぎないのだ。最終的には，勝者と敗者の差は，コンピュータのように『バイト』や『ラム』の差で示されるわけではない。勝者とは，組織の内外で，どのように意志の疎通を図り，やる気を効果的に起こさせるかを知っている，聡明で独創的なリーダーを有する組織のことだ[4]」

　高い技術力をもっている組織（企業）は，正解が決まっている時代には強い。しかし，今は高い技術をもっていることは，スタートラインにつくことを保証しているに過ぎない。そこから伸びる組織は，高いコミュニケーション能力をもち，モチベーションを高めることができるリーダーがいる組織だと言っています。

　みなさんは，今は，正解のない時代になったことを知っていると思います。組織を学級と読み替えると，これからの時代に成果を上げるクラス，つまり，学習効果の高いクラスを育てる教師は，コミュニケーションとモチベーショ

ンの向上に長けていることが求められるわけです。コミュニケーションとモチベーションは何の問題であるかもうおわかりですね。人間関係の問題です。カーネギーは，口頭及び文字によるコミュニケーション，チームワーク，その他，人間関係にかかわる技術こそが，ビジネスリーダーたちの成功を決定的にすることになるだろうと言います[5]。

　工業社会のように，上から出された命令を忠実に履行することがミッションだった時代は，高い技術でそのまま市場で勝負ができたわけです。しかし，今のような情報社会，そしてこれから訪れるスマート社会になると，一方向から出された指示や判断が正解になるとは限らないのです。むしろ，あてはまらないと考えていいでしょう。

　場面場面，場合場合で正解が変わる，つまり，その状況における最適解を生み出す力が求められるわけです。そうなると，これからは自ら問題や課題を引き受け，積極的にその解決に当たるメンバーをより多く持つ組織が成功します。しかし，主体性をもったメンバーは，多様なニーズ，利害をもち合わせます。組織として成果を上げるためには，利害を調整するだけの高度な

コミュニケーション能力が必要で，その壁を乗り越えるために必要なリソースが良好な人間関係だというわけです。関係性が悪かったらコミュニケーションが成り立ちはしないだろうし，チームになるなんてほど遠いわけです。

学校が，一律一斉で教育活動をやっていく時代はとうに終わっているのです。少なくとも無条件にそれができる時代ではありません。多様なニーズをもった子どもたちが，同じカリキュラム同じ空間で学ぶには，リーダーの高いコミュニケーション能力が必要であり，子ども同士の良好な人間関係が必要であることは容易に理解できることではありませんか。

もし，あなたが教室内の人間関係づくりに積極的でなかったとしたら，あなたの教室は，50年以上前の工業社会のモデルで運営されていて，そこでしか生きていけない子どもたちにしてしまっている可能性があるかもしれません。

📖 **参考文献**

＊4　D.カーネギー協会編・山本徳源訳『カーネギー　リーダーになるために』創元社，1995

＊5　前掲＊4

なぜ，あなたのクラスは 落ち着かないのか

コミュニケーションの変化

　今，あなたが教室の人間関係をつくっていこうと決意したとします。しかし，どこから手をつけていけばいいのでしょうか。子どもたちがつながらなくなった理由を知ることで，アプローチの方法が見えてきます。

図3-3　クラスが落ち着かない要因

① コミュニケーションの量の減少 🐝

まず，コミュニケーション量の減少です。

単純に言えば，子どもたちがかかわらなくなったのです。当たり前のことですが，人は，かかわらないと関係ができません。かかわりのないところにつながりは生まれないのです。学校生活が多忙化しているとか，かかわるためのスキルが未形成だとかいろいろな指摘はあろうかと思います。それらは全て妥当な分析だと思います。そうしたことも含めての話です。私が注目している理由は，子どもたちが

> 共通の話題を失った

ことです。インターネットは，文化の中央集権化をなくし，分散化しました。インターネットが発達する前までは，テレビやラジオなどのマスメディアが，人々の主な情報源でした。だから，世代を超えて大ヒットする歌や多くの人が視聴している番組が存在しました。イントロが流れれば，ほぼそこにいる全員が歌えてしまうような流行歌と呼ばれるものがありました。しかし今は，マスメディアは絶対的な地位を失い相対化され，スポーツから書籍，雑誌，食べる物，着る物，生活の隅々に至るまで多様化しました。そうなると，「あのことだけどさ」「ああ，あれね」の「あの」や「あれ」がバラバラになったわけです。

共通の話題は，関係性をつくるきっかけになります。みなさんも，出身地，趣味，持ち物など，相手と共通項が見つかるとそれだけで距離が近くなったという経験をおもちの方もいることでしょう。今も共通の話題がないわけではありません。しかし，以前に比べてコミュニティが狭小化しています。数人のコミュニティはすぐに出来ることでしょう。しかし，それがまとまった数になると難しいのではないでしょうか。だから，コミュニケーションの量が減っているというときに，単純に話す量が減っているだけではなく，子どもたちのかかわる人の数が減っているという側面を見逃してはならないのです。

今の子どもたちにとって，教室は「知らない人がたくさんいる空間」なのです。よく話したことがない知らない人がたくさんいることがクラスの自由度や活動性を落としているのです。

②　コミュニケーションの質の低下

　子どもや若者の言葉の乱れは以前から指摘されていましたが，自分のような世代の者からすると，世の中が随分変わったなと思うことが時々あります。その瞬間の一つが，以下の場面をあるテレビで観たときです。

　子どもたちが，あるテーマについて討論しています。小学校の高学年くらいの児童が，10人くらいで輪になって楽しそうにしゃべっています。その様子を，別室でモニターを通して，母親たちが見ています。子どもたちの，ユーモラスな発言を聞いて，お母さんたちも笑っています。お母さんの言うことを聞いているかどうかという話になったときだと思います。一人の女の子が，「お母さんの言うことは，よくわからないときもあるし，ちょっと，古いんです」というような発言をしました。そのとき，カメラがその子のお母さんをとらえました。きれいな身なりの30代半ばのように見えました。お母さんは，拳を握りしめて（これは，単なるポーズでしたが），冗談っぽく「殺す！」と言ったのです。勿論，

> 周りのお母さんたちは爆笑でした。録画ですから編集した方も「おいしい場面」として放映したのだと思いますが……。

　あまりに衝撃的だったので，当時書いていた書籍に印象的なエピソードとして記載しました[*6]。わが子に向かって，それがたとえ冗談でも「殺す」と言えてしまう母親，それを笑い合う母親たちの存在が信じられず，そして，それをオン・エアできるテレビ，更にそれを許容してしまう社会を恐ろしいと思いました。

　この問題がインターネットの普及（による問題）と直結しているかどうかはわかりませんが，言語環境の変化とインターネットの問題は無関係ではないと考えています。インターネットと言語の関連で，見過ごせないのはインターネットスラングの存在です。インターネットスラングとは，ネットスラングなどと呼ばれ，インターネットの利用者の間で流通する言語表現のことです。

　インターネットスラングには，いくつかの種類があります。略語，造語（本来の意味と違う語），当て字（訳語），誤変換（誤読，誤入力，置換），顔文字（絵文字）などがあります[*7]。インターネットサイトの「ニコニコ大百科（仮）」の「ネットスラングの一覧」には，膨大な言葉の数々が示されています。例えば，「造語，本来の意味と違う語」のカ行を見てみます。

・学歴ロンダリング（出身大学よりレベルの上の院に行くこと。それを揶揄する際に用いることもある）
・亀レス（遅い返信）
・キタコレ（待っていたものが来たことに対しての発言）
・逆神（予想をことごとく外す人）
・キャップ（成りすまし防止機能→防止→帽子→キャップ）
・草不可避（笑いが堪えられない）
・クソワロタ（めちゃくちゃ笑った）

・黒歴史（無かったことにされた作品，消したい過去）
・孔明，孔明の罠（巧妙に設置された罠に対する言葉）
・ゴキ腐リ（無自覚な荒らしに対する蔑称）
・コピペ（掲示板における定型文）
・ご冥福をお祈りします（煽り文句）

　不適切と判断し，削除したものもありますが，ご覧いただいてわかるように，そのほとんどが，対象に対する茶化しや侮蔑の表現です。もちろん，こうしたものばかりではありませんが，そのような性格の言葉を多く含むのがインターネットスラングです。インターネットスラングは，そもそも目で文章や文字を読むというインターネットコミュニティにおける表現なので，それを言葉に出すには印象が強すぎる場合もあります。インターネットコミュニティのなかでの内輪ウケのための言葉だったのが，今やテレビなどの大手メディアもそのインパクトの強さを利用し，テロップなどで気軽に使用するため，大衆化しています。「クソワロタ」などは，今は日常的によく見聞きする言葉になったように思います。

　上記のお母さんの発した「殺す」はインターネットスラングではないですが，インターネットスラングの存在が，言ってはいけない言葉，人前に出さない方がいい言葉と，そうではない言葉の境界線を曖昧にすることに一役買ったことは間違いないのでしょう。

　そして，インターネットスラングは，ネットの世界から現実世界へ広がり，それは子どもたちの言語環境を浸蝕したのではないでしょうか。しかし，私が最も問題視しているのは，そうした言葉が日常化することによって，人に対する敬意や礼節に影響を及ぼし，現実的な人間関係をも蝕んでいることです。

　傷付くならかかわりたくないと思うのは当然のことです。こうした文化を放置しておくと，子どもたちはますますかかわらなくなるわけです。つまり，コミュニケーションの質の低下は，コミュニケーション量の減少を招き，それがコミュニティの解体を進行させることでしょう。

WW　W～　クソワロタ
自宅警備員
(╬⊙д⊙)　メシウマ
人生オワタ＼(^o^)／
キモオタ　意識高い系
焼き豚
地帝　サカ豚
WWWWWWWWWW　マスゴミ
スイーツ（笑）　(´・ω・`)ショボーン　W～～
Fランク

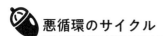

悪循環のサイクル

　私の大学院では，アクティブ・ラーニングなどと文部科学省が言う前から，協働的な学びをカリキュラムに組み込んでいました。出された課題に対して，数人でチームをつくり，解決のためのプレゼンテーションを作成するのです。たった1ヶ月ほどのグループワークの期間ですが，トラブルを起こす班が続出です。もちろん，それはこちらも想定済みです。実はそのトラブルを解決することもカリキュラムの一環なのです。

　専門職大学院は，プロを育てるのがそのミッションです。社会は，まさに協働の現場です。組織人としての協働のための知識と技能が求められます。しかし，院生たちの話を聞いていると，学生時代にほとんどそうした協力し合う体験を積んでいないようなのです。未熟なチームは，役割分担の段階でつまずいています。意見の違いに心を閉ざしそうになる者もいます。しかし，社会に出れば，目標達成のために役割分担し，その役割を遂行し，意見の違

いを乗り越えていかねばなりません。

　協働のための能力は，子どもの頃から育てられるべきだと思いますが，みなさんもよくご存知の通り，子どもたちが学校生活の中で協力し合う機会がなかなか確保されていないのが現状ではないでしょうか。せっかくそのために計画されている学校行事も縮小化，その準備時間も削減され，子どもたちの育ちがなおざりにされているように感じます。子どもたちにとって貴重な協働の体験の時間が，「こなす時間」になっています。「こなす時間」によって，子どもたちは，協力することの意味を見失います。人と協力する時間が無駄だと誤った学習をするわけです。こんな破壊的な教育があるでしょうか。

　人の育ちにおいて，チーム体験は必要なのです。なぜならば，社会は協力的活動によって成り立っているからです。別に組織人になるからという意味ではありません。個人事業主になるにしても家庭を営むにしても，一生独身で生きるにしても，誰かと生きていくことは変わらないのです。人と一緒に生きるということは支配と服従ではなく，本来的に協力を意味します。

　落ち着きのないクラス，上手くいかないクラスには，先述したダニエル・キム（前掲）の「成功の循環」の逆サイクルである「失敗の循環」とも言うべき悪循環が起こっていると考えられます[8]。子どもたちが話をしない，コミュニケーション量が少ないから，質の悪いコミュニケーションが流通しがちになり，活動に対して低意欲，非協力を引き起こすなどの質の低い考えとそれに伴う行動によって，授業などのクラス内の活動は上手くいかなくなります。それによって，更に人間関係が悪くなり，子どもたちは互いに話をしなくなります。

 ## 教師と子どもの間にも存在する同じサイクル
....

　今，子どもたちを主語に述べましたが，これが起こっているときには，また，起こりはじめるときには，教師と子どもとの間でもこのサイクルが回っていることが想定されます。

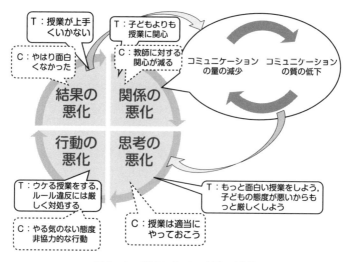

図3-4　教室における失敗の循環

　教師と子どものコミュニケーション量が減る。すると，教師と子どもの関係が疎遠になりますから，子どもたちの不適切な行動が増えます。教師は，子どもたちを注意しがち，叱りがちになります。また，関係性を慌てて整えようと，空虚なほめ言葉を繰り返します。これも含めて，コミュニケーションの質の低下です。すると，子どもたちは授業に協力をしなくなります。授業がうまくいかなくなります。教師はなぜだと考え，授業がつまらないのだと的外れな考えによって，発問や指示，授業のネタの工夫をしようとします。しかし，それらの努力は，子どもたちの心を満たさないので空回りします。よってクラスは落ち着きを失っていくのです。

　ではどうしたら「失敗の循環」を断ち切ることができるのでしょうか。

　教室には，2つの人間関係があると言いました。教師と子ども，そして子ども同士の間のコミュニケーションの改善が，クラスを安定させます。次節で紹介する取り組みをする前に，子どもたちと1対1で話す時間を確保しましょう。

　「コミュニケーション量？　私は，子どもたちに向かってたくさん話をし

ている」という方もいるかもしれません。恐らくそれは間違いないです。きっと，たくさんお話をしていることでしょう。しかし，そうおっしゃる方は，コミュニケーションの意味を取り違えています。コミュニケーションとは「意思疎通」のことです。「意思疎通」とは「双方向性」のものです。コミュニケーションは，話す以上に聞くことが大切です。

　以下の図に，教師と子どものコミュニケーションの量的，質的向上のためにできることをまとめました。参考にしてください。

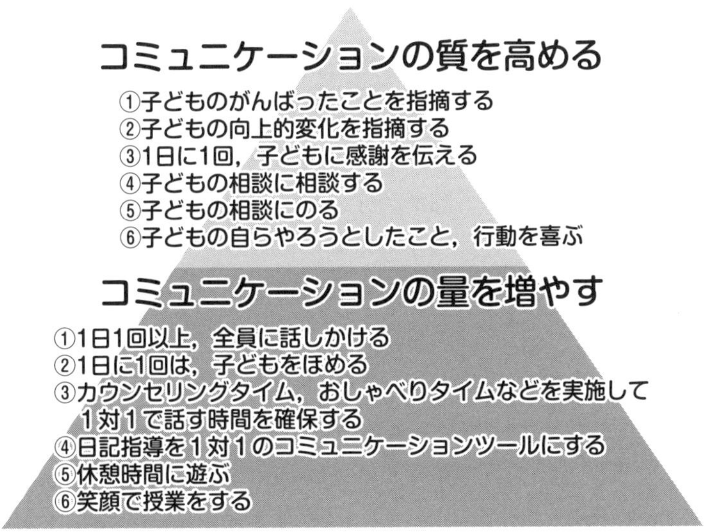

コミュニケーションの質を高める
①子どものがんばったことを指摘する
②子どもの向上的変化を指摘する
③1日に1回，子どもに感謝を伝える
④子どもの相談に相談する
⑤子どもの相談にのる
⑥子どもの自らやろうとしたこと，行動を喜ぶ

コミュニケーションの量を増やす
①1日1回以上，全員に話しかける
②1日に1回は，子どもをほめる
③カウンセリングタイム，おしゃべりタイムなどを実施して
　1対1で話す時間を確保する
④日記指導を1対1のコミュニケーションツールにする
⑤休憩時間に遊ぶ
⑥笑顔で授業をする

図3-5　教師と子どものコミュニケーションの量と質の向上のための取り組み

📖 **参考文献**
＊6　赤坂真二『友だちを「傷つけない」言葉の指導　温かい言葉かけの授業と学級づくり』学陽書房，2008
＊7　「ニコニコ大百科（仮）」「ネットスラングの一覧」https://dic.nicovideo.jp/a/ ネットスラングの一覧，2019年9月29日閲覧
＊8　前掲＊3

助け合いを「美談」にしない

コミュニケーションの量と質を向上させる

　では，子どもたちのコミュニケーションを変化させるには，どうしたらいいでしょうか。いろいろな活動が紹介され，効果的な実践の選択肢は多々あろうかと思います。しかし，現実には詰め込まれたカリキュラムの中でなかなか時間がないのが実践者の本音ではないでしょうか。特に，中学校や高等学校の教室では，一人の教師が自由に使える時間が限られます。そうした中で，コミュニケーションの量と質を高めることを計画的に進めることは困難が予想されます。

　そこで効果的な実践を一つ紹介します。次頁に紹介する「おしゃべりタイム」は，短い時間で実施できるので，回数を確保することが比較的容易です。この実践が機能するためには，活動前と活動後の教師の語りが大事です。活動前にはまず，なぜ，この活動をするのかを伝えます。発達段階が上がるほど，子どもたちは「意味」を求めます。「みんなが，いろんな人と話せるクラスになってほしい」とか「互いが互いのことを知り合うと，安心できるクラスになる」など，教師の学級経営ビジョンに即応した目的を伝え，活動に必然性をもたせます。学級目標と絡めて話すことができれば，自然な形で導入できると思います。「仲の良いクラス」とか「協力し合えるクラス」などの文言が見られた場合は，「仲の良さや協力は，まず，コミュニケーション

が大事」だと伝えることができることでしょう。

〈おしゃべりタイム〉
①２人組になる。
②お題を提示する。
　慣れてきたら子どもたちから募集する。
　例）・もしも100万円もらったら，何をする
　　　・もしも１ヶ月休みだったら行ってみたいところ，やってみたい
　　　　こと
　　　・もしもなれるならなってみたい有名人
③話し手と聞き手を決めて，時間を決めて交代する。
　時間は，発達段階や実態を考慮する。30秒から90秒。苦手な子や抵抗
　を示す子がいた場合は，３人組などにして，観察役や応援役とする。

　活動が終わったあとには，子どもたちの適切な行動をフィードバックします。「○○さんと○○さんは，時間いっぱい話せていたね」とか「○○さんと○○さんのペアは，とても楽しそうだったね」などと，望ましい行動を強化することで，活動の質的向上が期待できることでしょう。

　ただ，最初から「今日は，相手に身体を向けて話しましょう」とか「うなずきながら聞きましょう」みたいなめあてを伝えると，苦手な子は尻込みしてしまうので，最初は，「楽しく話しましょう」くらいの緩い目標にしておくといいと思います。

 協力原理の学級経営

　子どもたちの行動を変えたいのなら，ただ，活動させるだけでは効果は望めません。活動の根底に流れるメッセージを，滴が岩に穴をあけるような慎重さで，子どもたちは少しずつ学習していきます。どんな活動をするかより

も，

> ### どんな環境で活動するか

が大事なのです。

　また，こうした活動を仕組んでも，クラスが競争的な価値観に支配されていては，うまく機能しません。価値と行動のベクトルを合わせていく必要があります。ちなみに，私の学級では協力原理を学級経営の基本方針にしていました。基本的には，低学年の場合は，次のことをルールにしていました。

> ①困ったら「助けて」「教えて」と言おう。
> ②助けを求められたら「喜んで」助けよう。
> ③困っていそうな人がいたら，「何かできることある？」と尋ねよう。
> ④人が困っているかどうか気付く人になろう。

　小学1年生を担任したときも，これをクラスのルールとして提示していました。低学年には少し難しいと思いますか。そんなことはないようですよ。助け合いは児童期，青年期における発達段階や学年に左右されません。
　1年生の担任をしていたある日，数人の子どもたちが，私にこんな提案をしてきました。
「先生，ミキちゃんに牛乳を飲ませる係をつくってもいい？」
　その理由を尋ねると，
「ミキちゃんは，いつも牛乳を残しているでしょ。この前，ミキちゃんのお家に遊びに行ったの。そのときに，お母さんが，ミキちゃんに牛乳飲んでほしいと言っていたんだ」
と言いました。私は，
「でも，ミキちゃんはなんて言うかなぁ？」
と言うと，彼らは，すぐさま，ミキさんのそばに行き，言いました。

「ねえ，ミキちゃん。ぼくたち，ミキちゃんが牛乳を飲むときに，応援する係つくってもいい？」

　ミキさんは，集まった数人の子どもたちを少しの間，ジッと見つめてから，ゆっくりと力強く頷きました。

　ミキさんは，保育園から特別な支援をしてほしいと申し送りのあった子です。うまく自分の気持ちが表現できません。オウム返し程度の発話はしますが，会話とまではいきません。給食は，白米，食パンの白い部分しか食べません。牛乳は，お母さんとの約束で一口だけ飲んで，後は残していました。

　次の日，ミキさんが牛乳に手を伸ばすと，サササッと静かにミキさんの周りに集まった「係の」4人が音量を抑えた手拍子をしながら，
「がんばれがんばれミキちゃん，がんばれがんばれミキちゃん！」
と声をかけました。するとどうでしょう。ミキさんは，その日，恐らく人生で初めて瓶一本分の牛乳を飲み干しました。同時に，クラスのあちこちから拍手が起こり，ミキさんはその喝采のなかで，死闘を経て勝ち取ったトロフィーのように牛乳瓶を掲げました。それからミキさんが牛乳を残さなくなったわけではありませんが，飲む量は格段に増えました。

 ## 助け合いに感動している場合ではない

　教室で起こる助け合いに，教師が感動しているようでは，まだまだその教室は，助け合いが美談になっています。美談になっているということは，特別なことになっているということです。教室，いや，私たちの社会では

> 助け合いを美談にしてはいけない

と思います。日常的な喜びとなっていることが，大事なのではないでしょうか。そんな社会をつくるためには，助け合いが日常的に起こっている教室で子どもたちを育てるべきではないでしょうか。

自尊感情には，人との比較による社会的自尊感情と，無条件で絶対的な基本的自尊感情があると言われます。後者の厚みは，安定的な自己肯定の基盤となります。競争相手ではなく，味方となる人に囲まれることによって基本的自尊感情は育まれます。子どもの挑戦には，安全基地となる人の存在が必要です。教師だけでなく，クラスみんなで互いが互いの応援団になることができれば，厚みのある安全基地になります。もちろん，一番の応援者は，教師でありたいものです。子どもが自分の成長を喜べるためには，互いの成長を喜び，応援し合う関係性の育成が必要ではないでしょうか。

教科指導で
学級経営をする

 答えたくてウズウズする子どもたち

　みなさんの授業は，アクティブ・ラーニング（主体的・対話的で深い学び）と言える授業になっていますか。アクティブ・ラーニングの実現は，学級経営と深く関わっています。以下に示すのは岡山県の小学校教師，南惠介先生の算数（小５）の授業です[*1]。この授業をきっかけにして，教科指導における学級経営の問題を考えてみたいと思います。

５年生 算数の学習

〈長方形，正方形の面積の求め方の確認〉

T：「この三角形（A）の面積はどういう式で求めるの？」
C：「12平方センチメートル」
T：「どうやって求めたの？」
C：「縦×横÷２（$6 \times 4 \div 2 = 24$）」

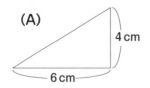

図４−１　授業場面①

南先生は，導入で，長方形，正方形の求め方を復習し，本時の課題に入ります。まずは，（A）の問題を例題として出します（図4-1）。子どもたちは，式を尋ねているにもかかわらず，面積をつぶやきます。そこはスルーします。ここで既に，この教室がある程度学習意欲に満たされていることが想像されます。子どもたちは，「縦×横÷2」と，誤答ですが元気よく答えます。先生はここもスルーして先に進み，（B）を提示します（図4-2）。

T：「じゃ，これ（B）は？」
C：「底辺×高さ÷2」
T：底辺って何？　高さって？
C：「底辺は，一番下の辺」（仮説を立てる子どもたち）
T：「じゃあ，高さは？」
C：（左端の直線を指さす子どもたち）

（B）

図4-2　授業場面②

　今度は，算数の得意な子が「底辺×高さ÷2」と正解を言います。そこで先生は，「底辺」，「高さ」といった用語を押さえていきます。子どもが，「高さ」として，左端の垂線を指し示すと，先生は「高さは三角形の中にないの？」と尋ねます（図4-3）。子どもたちは黒板を指さしながら，三角形（B）の頂点から底辺に向かって空中に線を引きます。先生は，それを受けて，「これか？　これもか？」と黒板上に，何本か底辺に向かって直線を引きます。ここで子どもたちは，興奮状態になって「違う，違う！」と口々に言います。先生は，そんな様子を受け止めながら高さの定義を押さえます。

「高さは三角形の中にないの？」

C：（頂点から底辺に線を引く）
C：「これか？　これもか？」
C：「先生，まっすぐです！」
C：「こうか？」
T：「じゃあ，高さはどれ？　自分の図に描いてごらん」
T：「高さとは底辺に対して垂直なんだね」

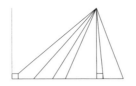

図4-3　授業場面③

　この後先生は子どもたちに，「なぜ，÷2なの？　先生にわかるように説明してください」と質問します。すると子どもたちは，「いつものように」動き回って話を始めます。ワークシートも渡されているのでしょうか，独自に操作活動（一部教師の助言あり）を始めたり，マス目を数えたりして，問題解決を始めました。話し合いが収まってきたので何人かの子に発表させたそうです。子どもたちが，それぞれに説明できたことを確認して，この時間はここで終わります。

いかがでしょうか。みなさんは，この教室にどんな空気が流れているように感じましたか。みなさんがもつ経験値やイメージによって，こうした断片的な情報はいろいろ脚色されるので，受け取り方は十人十色かもしれません。誤答する子はいるし勝手に喋るし，勝手に立ち歩くわ話しはじめるわ，先生はそれを注意しないし，規律のないクラスのようにも思えます。

　私には課題提示と同時に，いや，課題が提示される前から子どもたちが，スタート前のレーシングカーのようにエンジンをかけて課題の提示を待っていて，しかも，問題解決のために自分で方略を選んで実行する能動性の高い集団に見えます。南先生のクラスの子どもたちのもつ力が，さらに発揮されるのは次の時間です。

「どうぞ」で動き出す子どもたち

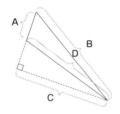

T：「底辺と高さはどこでしょう」
C：（教師が言い出す前から言いたくてしょうがない様子）
T：「何か言いたいことがあるんだね，じゃあ，近くの人とどうぞ」
・話し合いは活発にしているが，答えは一致していない
・「底辺はA？　C？　D？」

図4-4　授業場面④

　冒頭に先生は，「底辺と高さはどこでしょう？」と問います（図4-4）。子どもたちは，教師が何か言い出す前から発言したくてウズウズしていたようです。そして，「何か言いたいことがあるんだね，じゃあ，近くの人とど

うぞ」と言うと，ほとんどの子どもたちが動き出します。

　そんな様子を先生は，じっと見ています。そして，活発な話し合いの一方で，解答が拡散していることを見取ります。そこで，一旦整理をして，「底辺はＡ？Ｃ？Ｄ？」と視点を焦点化します。その整理が終わるか終わらないかのうちに，子どもたちは話し合いを始めます。問題解決の方法は，それぞれの子どもによって異なるようです。黒板に描いて説明する子，黒板を指して説明する子，ノートの考えを説明する子，いろいろです。なかには，「なんでわかんないのよ〜」などという声も聞こえました。友だちに説明してもなかなかうまく伝えられないようです。また，参加できていない子を学習に誘い込む子もいました。子どもたちの活動が収束してきた様子を見て，「結局どうなったの？」と問うと，ある子が説明をし，「おお〜，なるほど〜」と子どもたちが納得したところで授業終了となったそうです。

　いかがでしょうか。みなさんのクラスの子どもたちは，課題に対して子どもたちが「答えたくてウズウズしている」ような姿は見られるでしょうか。「さあ，どうぞ」と言うと「好き好きに問題解決する」ような姿は見られるでしょうか。

　本章でお伝えしたいことは，何をしたら，このように学習に意欲付き，能動的に問題解決をする子どもたちが育つのかということです。もともとこうした子どもたちだったのでしょうか。そんなことはないようです。そこには，教師の意図的な働きかけがあります。

📖 **参考文献**
＊1　赤坂真二編著『学級を最高のチームにする極意　アクティブ・ラーニングで学び合う授業づくり　小学校編』明治図書，2016

　　　本書では，南氏の他，高橋健一，吉田賢二，岡田広示，八長康晴，松下崇，松尾英明，佐藤翔，濱弘子，岡田順子の９氏のアクティブ・ラーニングの実践が掲載されている。授業のアクティブ・ラーニング（主体的・対話的で深い学び）化へのガイドブック。

2 子どもたちが動き出すシステム

 なぜ，子どもたちは能動的に学んだのか

　なぜ，南先生のクラスの子どもたちは，あれほどまでに能動的なのでしょう。先生が恐いから子どもたちが忖度して動いている？　それとも授業のネタがすごくいい？　また，子どもたちがとても優秀？

　そのどれもが違います。南先生は，長く知っている先生の一人ですが，子どもを怒鳴って，また，怖がらせて動かす先生ではありません。もちろん，現場の最前線にいますから，大きな声を出すこともあることでしょう。しかし，それが彼の指導力の中枢ではありません。また，授業のネタがいいか？おわかりのようにこれは教科書教材であり，その進め方に準拠した指導方法です。では，能動性の高い子どもたちだった。それは半分当たっていて半分はずれています。当たっている半分について言えば，このときの子どもたちの状態は，能動性が高まっていたことは間違いありません。しかし，もう半分について言えば，最初からそうだったというわけではありません。彼らも，最初は学習的にはかなりしんどい状態だったようです。中には，学習に対して諦めているような子もいたと聞いています。

　そう，南先生は子どもたちの能動性を育てて，あのような授業ができるような状態にしたのです。その部分を南先生は，次のように解説しています[2]。

協働学習のリソース

・２人組で確認・相談・話し合い
・班で相談→答えを出すパターン・出さない
　パターン
・意見の同じ者同士での相談・意見が違う人
　との相談
・自由に動いて，教えてもらいたい人，話し
　合ってみたい人と話す
・（簡単なルールのある）自由討論

図4-5　南先生の協働学習のリソース

　先生は，こうした子どもたちが共に学び合う基礎技能を，「協働学習のリ
ソース」として，指導しています（図4-5）。バスケットボールの試合がよ
り機能するために，ドリブルやシュートの練習が必要なように，子どもたち
が自由闊達に動き出すためには，それに必要な基礎技能があるということで
す。先生の指導事項を見ると，まず２人組という最小単位の協働から始めて，
それを，班，意見の同じ者同士，異なる者と，そして自由交流，と人数の枠
を広げていっています。また，意見が同じ人から，異なる人というように，
心理的ハードルも上げていきます。そして，隣にいる人から，教えてもらい
たい人，話し合ってみたい人，と最初は必然性が与えられる場面からやがて
自分で創り出すように，能動性を引き上げるような配慮が為されています。
活動の枠だけでなく，活動内容も，確認という自分の意見を人に伝える再生
過程から，話し合って解を探す創造過程へとレベルが高くなっていっていま
す。子どもたちの意見，自由かつ奔放に見えるパフォーマンスは，こうした

周到に計画された経験の積み上げによって育てられている

ことがわかります。

　また，南先生の指導は，これにとどまらず，これらの協働のシステムがうまく機能するための，サブシステムの存在も開示しています（図4-6）[*3]。先生の戦略は，とても強かに感じます。というのは，サブシステムの①で，「協働による学び方の基礎を高める」とありますが，ここで何をしているかというと，導入期では，学びの質よりも協働の質を高めることを重視して指導しているということです。教科指導においては，その性格上，教科内容の習得に主眼がおかれ，子どもたちの協働力を高めることが後回しになってしまうことがあります。しかし，先生は戦略的に，まず協力して学ぶ技能の習得を優先しているようです。協働の技能が上がることによって，学びの質が高まることを確信しているからできることです。

協働学習のサブシステム GOOD!

・①協働による学び方の基礎を高める
・②子どもたちの関係性を高める
・「すぐ話し合いに入れるね」，「上手に相談できているね」，「『わからないから教えて』と言えるのはステキな関係だね」，「聞いた子も聞かれた子もステキだね」など声をかけ適切な行動の可視（見える）化をして①②を実現

図4-6　南先生の協働学習のサブシステム

さらに先生は，協働の質を高める基盤が，子どもたちの関係性であることも明言しています。子どもたちの活動をしっかり見取り，適切な行動を見逃さず，あたたかな言葉で強化しているようです。

アクティブ・ラーニング（主体的・対話的で深い学び）の実現には，こうした学級経営が深く影響しているのです。逆に言えば，授業の在り方と学級経営の在り方が深くリンクしているわけですから，アクティブ・ラーニングがより機能するようになれば，学級はより機能するようになり，結果的にそれがまた，授業をさらに高次のレベルに引き上げるという好循環を生み出すわけです。

アクティブ・ラーニングを実現する先生方の多くは，協働学習の技法を使った指導に優れていることは間違いないと思います。一方で，なぜそのような効果的な指導ができるかと言えば，自身の教育のビジョンに子どもたちが能動的かつ協働的に学ぶ姿が刻み込まれているからだと考えられます。そして，なぜ能動的で協働的な学習が子どもたちにとって必要なのかを，納得しているからなのではないでしょうか。みなさんは能動的で協働的な学びは，どれくらい必要なものだと認識していますか。次節に，アクティブ・ラーニングを必要とする背景を示しました。参考にしていただければ幸いです。

📖 **参考文献**
　＊2　前掲＊1
　＊3　前掲＊1

改革のメッセージ

 改めて「アクティブ・ラーニング」

　グローバル化の進行や，日本においては急速に進む少子高齢化に伴う人口減少時代の到来による社会の激変が予想されています。インターネットやマスメディアで，「二千何十年問題」が頻繁に取りざたされるようになりました。2030年問題を例に挙げれば，少子高齢化のさらなる進行により，65歳以上の割合が総人口の３割にのぼると予想されています。国民の３人に１人は，高齢者（WHOの定義）ということになります。すると国力を生み出す生産年齢人口が減少し，国の在り方も変更を余儀なくされるでしょう。

　生産年齢人口の減少を補う労働力としての「外国人の増加」，定年の延長による「老後の消滅」，機械化による「仕事の消滅」，また，人口の減少による「地方都市の消滅」など，明るいとは言えない未来の到来です。社会の変化に伴い，教育の在り方も変わらざるを得ないということで，大学入試，高校教育，大学教育の改革などの様々な教育改革が主張されています。こうした変化の激しい時代を生き抜く力をもった子どもたちの育成という視点から，学習指導要領の改訂時に脚光を浴びたのが，「アクティブ・ラーニング（主体的・対話的で深い学び）」と呼ばれる学びの在り方でした。

　しかし，このアクティブ・ラーニングという言葉，教育界を騒がせている割には実態がはっきりしません。特に，「主体的・対話的で深い学び」と言

い換えられるようになってからはなおさらです。今，まことしやかに噂されるのが，「一斉講義型指導」への回帰です。結局よくわからないから，曖昧なものにすがるよりも，確かなものに頼ろうという不安の表れのように思います。ここで今一度，アクティブ・ラーニングとは何なのか，確認しておきましょう。中央教育審議会の答申には，次のように示されています。

「教員による一方向的な講義形式の教育とは異なり，学修者の能動的な学修への参加を取り入れた教授・学習法の総称」「学修者が能動的に学修することによって，認知的，倫理的，社会的能力，教養，知識，経験を含めた汎用的能力の育成を図る。発見学習，問題解決学習，体験学習，調査学習等が含まれるが，教室内でのグループ・ディスカッション，ディベート，グループ・ワーク等も有効なアクティブ・ラーニングの方法である」（『新たな未来を築くための大学教育の質的転換に向けて～生涯学び続け，主体的に考える力を育成する大学へ～（答申）』平成24年8月28日）

また，当時の文部科学大臣の諮問には，次のような表記があります。

「課題の発見と解決に向けて主体的・協働的に学ぶ学習」（『初等中等教育における教育課程の基準等の在り方について（諮問）』平成26年11月20日）

こうした経緯から，アクティブ・ラーニングは，「主体的で協働的な学び」などと言われました。前掲の答申には，具体例としていくつかの教育実践の形が示されていますが，特別に新しいものはなく，やっている教師は従来から取り組んでいたものだと言っていいでしょう。しかも，多岐にわたる方法論であり，これこそがアクティブ・ラーニングであるという決め手が見出しにくい。この流れは，アクティブ・ラーニングの導入というよりも，従来の知識伝達型，一斉講義型の授業の否定として捉えられました。

　これまでの学校教育の取り組みをある程度評価しながらも，いろいろな状

況を突きつけて上手に危機感をあおることに成功したと言っていいでしょう。つまり，公文書を素直に受け取れば，「今までの学校はとてもがんばっていましたよ。しかし，これまでのやり方ではとんでもないことになりますよ。だから変わってください」と読めます。しかし，もう少し穿った目で見れば，これまでの学校教育に国が「ダメ出し」をしたと見ることができないでしょうか。

　わが国が，とても効率よく，多くの子どもたちに一定水準以上の学力をつけてきたのは，間違いなく多くの子どもたちが一斉講義型に対応することができたからです。一斉講義型は，わが国の教育の「伝家の宝刀」と言っていいでしょう。しかし，それはもう「時代遅れだからおやめなさい」と言っているのです。PISAショックに見られる一時的な停滞を経ましたが，長い目で見ると日本は国際的に高い学力水準を誇っていたと言っていいでしょう（図4-7参照）[4]。それなのに，学校教育は国力を高める戦力となる人材を輩出できていないではないか，と判断されたのではないでしょうか。アクティブ・ラーニングは，そうしたメッセージの一つの表現と言えます。

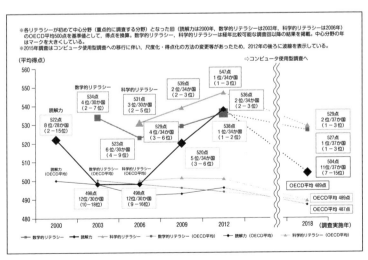

図4-7　OECD生徒の学習到達度調査（PISA2018）における平均得点及び順位の推移

🪰 ダメ出しの理由

なぜ，このようなことになったのでしょうか。

アクティブ・ラーニングは「主体的・対話的で深い学び」と説明されるように，そこでは課題解決に向けて積極的に他者とかかわる学習が展開されることが期待されます。こうした姿が「望まれる」ということは，現在の授業においてこれらの姿が「見られない」ということです。もちろん，全く見られないということではありません。一部の教室では，とてもアクティブに学ぶ子どもたちの姿が見られてきました。それは，国も認めていることでしょう。しかし，それが全国規模の学校数で標準装備されていないということです。つまり，現在のほとんどの授業で，子どもたちの主体性や協働力を育てていないという指摘なのです。

辞書によって多少の違いはありますが，主体性とは，活動や思考において，自分の意志・判断が関与する性質のことを言っています。また，意志とは，

このままでは↑

行動すること，しないことにおける積極的な心のことを指します。そして，協働力とは，共通の目的をもち，対等の立場や協力的な態度で働く能力のことを言っています。

このことから，協働的な学習とは，学習者が相互に協力しながら，共通の目標や課題の達成を目指す学習が構想されます。今，主体的で協働的な学びが声高に言われねばならないのは，授業において子どもたちの学びたいという積極的な姿や課題解決のための協力的な姿勢が弱いからであり，更に言うとそうした姿が「見られない」から「もっとしっかりやりなさい」との要望なのです。

こうした指摘の背景としていくつかのことが指摘できます。

文部科学省の言う「確かな学力」には次の3つの要素があります。

---

①基礎的な知識及び技能
②これらを活用して課題を解決するために必要な思考力，判断力，表現力
③主体的に学習に取り組む態度 　　　　　（2007年改正学校教育法より）

知識・技能，活用力，そして，主体性の順番でした。しかし，2017年12月22日の中央教育審議会の「新しい時代にふさわしい高大接続の実現に向けた高等学校教育，大学教育，大学入学者選抜の一体的改革について〜すべての若者が夢や目標を芽吹かせ，未来に花開かせるために〜（答申）」，所謂，「高大接続答申」には，学力の三要素は，

社会で自立して活動していくために必要な力という観点から捉え直し，高等学校教育を通じて(i)これからの時代に社会で生きていくために必要な，「主体性を持って多様な人々と協働して学ぶ態度（主体性・多様性・協働性）」を養うこと，(ii)その基盤となる「知識・技能を活用して，自ら課題を発見しその解決に向けて探究し，成果等を表現するために必

と記述されています。つまり，最初に主体性，次に，活用力，最後に知識技
能と重みが変化したのです。

　日本はこれまで知識・技能の伝達にはずっと成功してきたと言えます。だ
からこそ，日本の子どもたちは長期間にわたり国際学力調査で高い水準を維
持することができたのでしょう。「PISAショック」では，ゆとり教育政策
によって，知識・技能，そして，活用力が落ちているのではと分析され，時
数の確保や教科書の内容の増加などにより学習の量的増大によって短期的に
回復が見られました。

　ただ，その向上への取り組みの過程に問題があったのではないでしょうか。
近年の全国学力・学習状況調査に対する一部の地域（と言いながらほとんど
の地域）で見られた熱のこもった（場合によっては，熱にうなされたよう
な）取り組みにおいては，練習プリントによる反復トレーニングや大量の過

去の問題を練習するという方法がとられました。正規の時数を削ってまで，テストを繰り返すことによって学力の向上を図った事例も見られました。

　それによって，子どもたちは確かに，テストに答える力はついたかもしれません。しかし，それが実生活で活用される力になっていなかったのではないでしょうか。活用力はアウトプットを伴う環境ではじめて機能する力です。つまり，他者とのかかわりにおいてはじめて意味が生じる学力なのです。相手意識をもって考え，判断し，表現しないとこれらの力はほとんど実生活に役に立ちません。

　相手意識のない発表は「独り言」であり，プレゼンテーションにはほど遠いと言えます。どんなに上手にピアノが弾けたとしても，個室で弾いていては誰かを感動させることはできません。つまり，

> **これからの時代に求められる学力は，「使える」学力**

なのです。学習指導要領では，それを資質・能力と呼んでいます。人は社会的存在です。人のもっている力は，社会的文脈の中で機能して初めて能力として評価されます。ピアノが弾けること自体の価値は少しも下がってはいませんが，人の心を動かすレベルの力が求められるようになったのです。学力も能力の一部です。人間関係から隔絶されたテストペーパーの上でどんな難問に答えることができようとも，それは「使えない力」と言わざるを得ないでしょう。

使えない通貨を大量に貯め込む銀行

　こうして考えてくると，基礎学力と言われる知識・技能は，もっているだけでは無意味とは言いませんが，直接は誰かの役に立たないものであることがわかるでしょう。知識・技能は活用という目的があって意味を為します。そして，活用力に生命を吹き込むのが，主体性と協働力であることがわかる

でしょう。つまり意欲と人間関係の問題です。ネット上では，なぜ日本人が英語を話せないかという理由の分析が賑やかです。その中で興味深い指摘があります。

　日本人は英語で伝えることよりも，自分が英語を使っている姿が人にどう見えるかに関心を向けがちであるとのこと。すると，どうしてもうまく話そうとしてしまいます。つまり，できるだけ失敗をしないように話すことになります。従って，「伝えたい」という思いよりも，「伝わらなかったときにどうしよう」「上手に話せなかったら笑われるかもしれない」などの心理でブレーキがかかり，「英語の単語を知らない」「文法が使えない」など英語の力の以前の意欲と関係性の問題で話せないというのです。

　これは荒唐無稽な話でしょうか。キャロル・ドゥエックは，賢さをほめられた子どもたちが「間違いから学ぶ」ことを回避し，挑戦をしなくなることを指摘しています[*5]。ドゥエックの論によれば，間違いをおかすことは「最も有益な学習」法です。試行錯誤が，能力を高めていくことは，多くの指摘がなされています。

　しかし，挑戦にはリスクが伴います。リスクとは何でしょうか。ほとんどの場合，失敗そのものではありません。失敗によって非難を受けたり，馬鹿にされたりするという社会的要因によるものです。つまり，

> 　学力は，社会的要因を伴うリスクを背負った環境の中で発揮されて，実力となる

ことでしょう。他者とかかわることがほとんど無く，教師の一斉授業を受けて試験問題に備えているとすれば，使えない学力を子どもたちが貯め込むことになります。文科省がそこにダメ出しすることも無理からぬ話です。

　学力調査の通りだとすれば，日本の子どもたちは，「学力」はある，しかし，「実力」がないのかもしれません。社会的文脈の中で発揮されない能力は，誰の役にも立ちません。役に立たない能力は，誰も幸せにしません。つ

　まり，世の中に貢献したり自分の幸せを創ったりする力にならないのです。しかも，試行錯誤のエネルギーを育てていないから，その力が向上的に変容することも期待が薄いということになります。

　つまり，現在の学力向上の取り組みにおける子どもたちは，勿論，全てとは言いませんが，「使えない通貨を大量に貯蓄している銀行」のような状態になっているのではないでしょうか。学力調査という年に数回訪れる利用者のためにせっせと貯蓄をしている，しかも，更なる悲劇は，銀行自体もその通貨が使えると思っていないということです。役に立つモノをもっていたら，たとえその使用頻度が低くても，もっているだけで価値があると思うことでしょう。しかし，ガラクタは山ほどもっていても幸せな気分になることはないでしょう。

📖 参考文献
　＊4　国立教育政策研究所「OECD 生徒の学習到達度調査2018年調査（PISA2018）のポイ

ント」,「OECD 生徒の学習到達度調査（PISA）」2019年
(https://www.nier.go.jp/kokusai/pisa/pdf/2018/01_point.pdf　2020年 1 月14日閲覧)
日本の結果について以下のようなことが指摘された。
○「三分野」について
・数学的リテラシー及び科学的リテラシーは，引き続き世界トップレベル。調査開始以
　降の長期トレンドとしても，安定的に世界トップレベルを維持していると OECD が
　分析。
・読解力は，OECD 平均より高得点のグループに位置するが，前回より平均得点・順位
　が統計的に有意に低下。長期トレンドとしては，統計的に有意な変化が見られない
　「平坦」タイプと OECD が分析。
○「読解力」について
・読解力の問題で，日本の生徒の正答率が比較的低かった問題には，テキストから情報
　を探し出す問題や，テキストの質と信ぴょう性を評価する問題などがあった。
・読解力の自由記述形式の問題において，自分の考えを他者に伝わるように根拠を示し
　て説明することに，引き続き，課題がある。
・生徒質問調査から，日本の生徒は「読書は，大好きな趣味の一つだ」と答える生徒の
　割合が OECD 平均より高いなど，読書を肯定的にとらえる傾向がある。また，こう
　した生徒ほど読解力の得点が高い傾向にある。
○「質問紙調査」について
・社会経済文化的背景の水準が低い生徒群ほど，習熟度レベルの低い生徒の割合が多い
　傾向は，他の OECD 加盟国と同様に見られた。
・生徒の ICT の活用状況については，日本は，学校の授業での利用時間が短い。また，
　学校外では多様な用途で利用しているものの，チャットやゲームに偏っている傾向が
　ある。
＊ 5　キャロル・ドゥエック，今西康子訳『「やればできる！」の研究』草思社，2008

4 やる気を引き出せない教師たち

 自信のない教師たち

　日本の学校教育が大多数の子どもたちの実力を育てることに成功していないとしたら，それは長らく，主体的に学習に取り組む態度の育成に然るべきコストをかけてこなかったことだと言えるでしょう。学習に対する積極性，つまり，学習者のやる気を育てることにあまりに無頓着だったと言わざるを得ません。

　あなたは学習者の意欲を高めることにどの程度自信をもっているでしょうか。次頁のグラフをご覧ください。「OECD 国際教員指導環境調査（TALIS）2018報告書」における教員の自己効力感に関する項目から，前回調査（2015）で，「生徒の主体的学習参加の促進について」と重なる項目を抜き出して比較してみました[6][7]。ちなみに，前回は調査対象が，「中学校及び中等教育学校前期課程の校長及び教員」だったのに対して，今回は，小学校の教員及び校長も含まれています。

　教師が子どもたちのやる気を高めることに無頓着でも，学校教育が成り立つくらい日本の子どもたちは真面目で勤勉であったということです。「やりましょう」「やりなさい」と言えば，ほとんどの子どもたちが，やってしまうくらい従順だったからこそ，日本の学校や教師は，やる気を高めることに無頓着でいられたわけです。

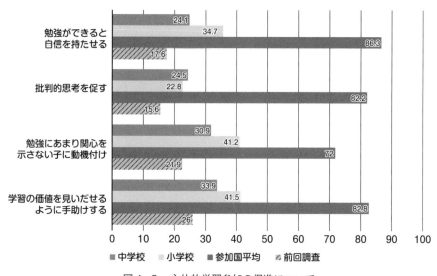

図4-8　主体的学習参加の促進について
（OECD 国際教員指導環境調査（TALIS）2018，2015より筆者作成）

この結果を見ると，前回よりも参加国平均と比べて差が縮まったものの，依然として日本の教師が，子ど
もたちの主体的な学びを引き出すことに対して自信がもてていないことが窺えます。

　噴火しない火山の研究はなされないと言います。その山がいつ噴火するこ
とは予想できないのです。そして，いざ噴火すると予測できなかったから甚
大な被害をもたらす。子どもたちの意欲の問題は，その構造とよく似ていま
す。需要がないから学ばれなかったのです。しかし，子どもたちは火山のよ
うに噴火をしません。せいぜいちょっとした問題行動を起こしたり，不適応
になったりするだけです。

学ばれないやる気を高めるテクノロジー

　子どもたちのやる気を高めるには，大きく分けて２つの支援が考えられま
す。それは直接的支援と間接的支援です。前者は，教材のネタや教師の声の
かけ方，話し方の工夫による教授法にかかわることです。一方の後者は，環

境設定にかかわる問題です。

　前者はとても熱心に学ばれたと言っていいでしょう。特に平成に入ってから多くの教師たちによって，子どもたちを引きつける教材やネタ，子どもたちの動きが活性化する指示，発問が研究されました。それまで教育において表舞台で語られることのなかった技術的な部分の開発が進められたのです。しかし，それらの多くが，授業論として語られました。直接的支援は，授業という舞台に上がってくれる子どもたちにはとても有効でした。しかし，それでだけは通用しない事態が起こってきました。舞台に上がろうとしない子どもたちが，学級集団サイズで現れたのです。それが，「学級崩壊」と呼ばれる現象です。

　日本の学校教育において，長らく学級は「楽園」でした。そこは，子どもたちの笑顔で溢れ，瑞々しいやる気に満ちた場所として捉えられてきました。しかし，その様相が変わってきたのが1990年代のことです。中学校では「普通の子」が感情を暴発させて，刃物で人を傷付けるような事件が報道されました。そして，小学校においては学級崩壊と呼ばれる機能不全に陥る学級の存在が知られるようになりました。2000年になると，この現象は全国各地で聞かれるようになり，小学校の「楽園神話」は壊れたと言っていいでしょう。

　このことは，授業を円滑に進めるためには，教材，ネタや指示，発問を研究するだけでは不十分であり，授業の舞台としての学級集団をつくる腕が必要であることを教師に知らしめました。しかし，「楽園神話」の崩壊は，学級集団づくりの必要感を高めましたが，それは，子どもたちの意欲を高める方向には進みませんでした。学級が荒れるのは，子どもたちの心の荒れであるとして多くの教師がカウンセリングを学びました。葛藤を抱える子どもたちを個別に癒やそうとしたのです。それまで教育界で聞いたこともなかったような心理学理論が学校現場で聞かれるようになりました。

　また，子ども同士の関係構築が難しくなっているとの指摘から，グループカウンセリングの手法も数多く紹介され，取り組まれました。しかし，それらは一部の熱心な教師以外には，どちらかというとマイナスから０への発想，

学校楽園時代　　　　　　　　　学校湿地時代

時代は変わったのね

教材研究
発問・指示の仕方
基礎学力の向上

教材研究
発問・指示の仕方
基礎学力の向上
「も」大事だけど

学習への動機付け
学校への適応
学習者理解
学力基礎の育成

　つまり，治療的発想として認識され，ブームにはなりましたがカリキュラム
の中に定着するほどではありませんでした。治療的発想は，必要のない人に
は負担でしかないからです。
　アクティブ・ラーニングを本気で成功させようとするならば，教師が子ど
もたちの主体性を高めるための知識と技術を学ばなくてはなりません。主体
性のないところに，どんなに協働だ，問題解決だと言っても，それは，教師
に言われたからやっているだけの「やったふり」の学習になることでしょう。
従来の一斉教授法と何ら変わりがない（いや，もし一斉教授法下でも子ども
たちが主体的に学んでいたら，そちらの方がはるかによい状態である）。そ
んな学習を繰り返しても，子どもたちの実力はつきません。
　アクティブ・ラーニングの導入は，国策であり，当然，国の意図を反映し
ています。そこには，経済力を上げ，国際競争力を高めたいという「大人の
事情」も見え隠れします。しかし，これはチャンスです。子どもたちがうん
ざりするほどやらされているルーチンのような学習を，自らやりたい学習に
転化する千載一遇のチャンスなのです。学力調査が近づくと，日本中の小中

学校で試験対策がなされ，過去問の練習問題を繰り返しているような時代錯誤的な取り組みから子どもたちを解き放ち，

> 学びたいと思う気持ちを漲らせ，仲間と力合わせて高まるという喜びに満ちた学習環境づくりへのまたとないチャンス

としなくてはならないのではないでしょうか。

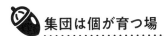 ## 集団は個が育つ場

　わが国においては，アクティブ・ラーニングは始まったばかりです。つまり，学校教育において子どもたちの意欲を高めるにはどうしたらいいかという挑戦も始まったばかりなのです。

　しかし，冒頭の例に示した南先生のように，学習者視点に立って，子どもたちが能動的な授業の創造に励んできた教師も少なくありません。ただ，今までは，そうした人は「特別な人」「がんばっている先生」という位置付けになっていたように思います。しかし，これからは，子どもの能動性を引き出すことができる教師が当たり前になる，つまり，各学校に標準装備される必要があります。

　そんなときに，子どもたちが共に学び合う学習は，これからの授業の在り方として注目すべき存在であると思います。南先生は，便宜的に「協働学習」と呼んでいましたが，日本では，子どもたちが学び合う学習方法として，協同学習の研究の蓄積がなされています。

　協同学習にはいろいろな定義がありますが，杉江修治（2011）は「学校のすべての場面における子どもの学習に対する支援の基盤にある基本原理に関する理論」と押さえた上で，「学級のメンバー全員のさらなる成長を追求することが大事なことだと，全員が心から思って学習すること」との考えを示しています[8]。

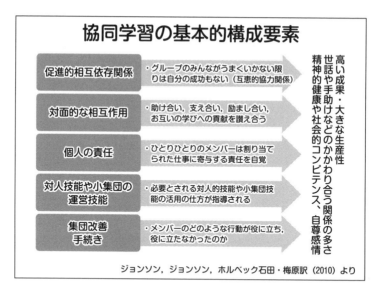

図4-9　協同学習の基本的構成要素

　では，協同学習はどのような構造をもつものなのでしょうか。協同学習の方法論も様々なものがあります。その中でも杉江が「最も純粋な協同学習」として挙げる「協力学習法（Learning Together）」には，5つの基本的要素が示されています[*9]。

　5つの構成要素が実現された学習が成り立つことで，学習課題の達成，良好な関係性，そして，社会的有能感や適応感の向上が実現されるという構造になっています。

　南学級のシステムを思い出してください。南学級では，学習に乗り切れてない子，問題解決に困難を抱えている子に「一緒に考えようよ」と巻き込む，対面的相互作用が成り立っていました。また，ペア学習からグループ学習，そして，自由交流までの基本的な対人技能，小集団の運営技能が育てられていました。また，南学級の子どもたちは，かかわる力が育っているだけでなく，問いかけをすると，自力で解こうとしたり，話し合ったり，図を描いたり，黒板を使ったりと個別の学習方略をもっていることがわかります。つま

り，学習において，子どもたちがひとりひとりが，責任をもっていることが
うかがえます。

　書籍からはわかりませんが，南先生は，学習や生活の「ふり返り」を実施
しているそうです。「ふり返り」の方法は，様々です。専用のノート（ふり
返りノート）に書くこともあれば，クラス会議（6章参照）のようにして直
接子どもたちと語り合うこともあるようです。こうした場が，集団改善の手
続きになっていると考えられます。

　これらの，基本的構成要素を見れば，協同学習は，学びの環境づくりその
もので，その営みが学級経営と重なる部分が大きいことがわかるでしょう。
また，協同学習は，決して個人の育成を蔑ろにして，集団育成をねらってい
る理論と技法ではないことがおわかりいただけるかと思います。むしろ，個
の育成をねらって他者とのかかりを学びの場としているのです。構成要素の
一番に表記されている，促進的相互依存関係とは他者に寄りかかかることで
はありません。相互依存は，個人の自立が前提です。協同学習は，

　　他者とのかかわりなくして，個の自立なし

という考えの下に成り立っている学習の在り方なのです。

南先生は，学習につまずき遅れてしまい，周囲も本人も教育をあきらめそうになっていた子どもたちに学力をつけてきた教師です。「ひとり残らず力をつけたい」と思ってきた教師です。それを子どもたちに求めてきました。だから，子どもたちは，「全員の幸せが自分の幸せ」だと認識できるのです。だからこそ，わからない子に「一緒にやろう」と言えるのです。そういう願いの下に，発動される対人技能や相互作用だから意味があるのです。逆に言えば，「共に成長しよう」「みんなで幸せになろう」という考え方が共有されていない学級で，協同学習の形だけ取り入れても，意味がないと言えます。

　教師の仕事は，

> 子どもの成功なくして，自らの成功なし

です。わが国の教育は，どちらかというと教師の視点で設計され，学ぶことよりも教えることに関心が向けられがちです。しかし，そろそろ学習内容や教授法に大きな比重をかける教育から，学習者視点に立った教育を本気になって創りあげていく必要があるのではないでしょうか。

　子どもたちが学校で過ごす時間のほとんどは，授業です。授業の中で，やる気とつながる力をしっかりとつけてあげたいものです。

📖 参考文献

＊6　文部科学省 HP「OECD 国際教員指導環境調査（TALIS）2018報告書－学び続ける教員と校長－のポイント」2019年（2020年1月14日閲覧 https://www.mext.go.jp/component/b_menu/other/__icsFiles/afieldfile/2019/06/19/1418199_2.pdf）

＊7　文部科学省 HP「OECD 国際教員指導環境調査（TALIS2013）のポイント」2014年（2020年1月14日閲覧 https://www.mext.go.jp/component/b_menu/other/__icsFiles/afieldfile/2014/06/30/1349189_2.pdf）

＊8　杉江修治『協同学習入門　基本の理解と51の工夫』ナカニシヤ出版，2011

＊9　ジョンソン.D.W.・ジョンソン.R.・T.ホルベック.E.J. 著，石田裕久・梅原巳代子訳『[改訂新版] 学習の輪—学び合いの協同教育入門—』二弊社，2010

いじめ指導に
強くなる

1

いじめは 起こるべくして起こる

 学級の危機といじめ

　かねてから学級経営には危機とも呼ばれるクラスが不安定になる時期が伝えられてきました。それが,

> 　6月, 11月, 2月

です。

　これは実践家の経験則です。多くの教師たちが, 経験的に「どうもそのようなことがありそうだ」と実感し, 伝えてきた規則性です。明治図書の雑誌『授業力&学級経営力』の特集タイトルを見ると, 2019年6月は「荒れはじめのリカバリー術」, 2018年6月は「『魔の6月』乗り切り術」, そして2015年6月は「『魔の6月』を乗り切る!学級&授業づくり3原則」とあります。この雑誌が刊行された2015年から3回の特集が組まれていますが, 果たして「6月危機」のような学級が荒れる時期といった規則性は本当に存在するのでしょうか。

　「学級の荒れの時期」を調査, 研究したものは, 私が探した限り見つかりませんでした。しかし, 大津市が平成30年1月に発表した「平成29年度いじめについてのアンケート【調査結果報告書】」に興味深いデータが示されて

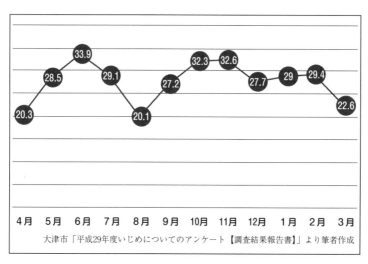

図5-1　からかい等の行為を「特に強くされた時期」

います。小中学校の児童生徒に，前の年に「からかわれたり，悪口やおどし文句，嫌なことを言われたりした」「仲間はずれにされたり，無視されたり，陰で悪口を言われたりした」などの行為を，「特に強くされた時期」を聞きました。すると，1370人の児童生徒の回答をまとめると上のグラフのようになりました。こうして見ると高い割合を示すのが，3学期制で言うところの1学期は6月，2学期は11月，3学期は2月であることがわかります。

　さらに，「誰からされたか」との問いに，「同じクラスの男子」「同じクラスの女子」の答えが，それぞれ，53.4％，36.6％であり，クラスメートからそうした行為を受けているとのことです。この調査では，学級が荒れているかどうかまではわかりませんが，学級における子どもたちの人間関係のトラブルが起こる割合が高くなっている時期が存在することがわかります。実践家の伝える経験則は妥当な感覚だと言っていいのではないでしょうか。

🐭 脳からのメッセージ

　脳科学者の中野信子は、「いじめが増える時期は6月と11月」と言います[*1]。この時期は「日照時間が変わる時期にあたるので、セロトニンの合成がうまくできず、分泌量も減り、その結果、不安が強まり、"うつ状態"を経験する人が散見される季節」なのだそうです[*2]。さらに、「セロトニンは安心感をもたらすホルモンで、『セロトニン不足』は不安を招くだけでなく、暴力性を高め、過激なギャンブルにはまるなど、悪い結果になることを承知しつつも、それを止められない、"衝動性"を招く」とも指摘しています[*3]。

　6月、11月は、学校の年間計画から見ても、運動会や文化祭などの大きな行事があります。また、校内研修、公開授業が本格的に始まるとともに、外部の教員組織の事業も始動し、教師が多忙を極めていく時期でもあります。教師の関心が児童生徒に向けられなくなり、それまでそれなりにやる気をもって物事に取り組んできた子どもたちのパフォーマンスが落ちることもあるでしょう。そんなときに余裕を失った教師が、子どもたちを叱る、注意するなどのことが多くなり、信頼関係を崩しクラスが荒れてしまうことは起こり得るのかもしれません。

　これらのことから考えると、

> ### 子どもたちが不安定になる時期が潜在的に存在

し、その時期には、いじめなどの問題行動やクラスの荒れが起こるリスクが高まると考えてもいいのかもしれません。少なくともこうした可能性を考慮しながら、学級経営をしていく必要はありそうです。

　生物としてのヒトはいじめ加害リスクをもっていると考えられます。しかも、そうした行動の引き金が、自然現象と結びついているとするならば、い

114

じめはむしろ起こって当然です。それを「いじめ０」とか「いじめ見逃し０」とかいったスローガンレベルの指導や，「いじめは許しません」とか「いじめられたら相談を」などと

いじめの抑止や防御を個人に委ねるような指導は，不十分どころか「的外れ」

と言ってよいのではないでしょうか。

📖 **参考文献**
＊１　中野信子『ヒトは「いじめ」をやめられない』小学館新書，2017
＊２　前掲＊１
＊３　前掲＊１

「見ないふりをする」教師，「指導できない」学校

 いじめに関わる数字が示すこと

```
  85.8
```

　ここに掲げた数字は，いじめに関する数字です。何を表している数字がおかわりでしょうか。これは，文部科学省から毎年報告されている「児童生徒の問題行動・不登校等生徒指導上の諸課題に関する調査結果」の平成29年度版の

```
　いじめの現在の状況で「解消しているもの」の件数の割合
```

です[4]。前年度は，90.5％でした。過去数年間も，９割近いいじめが解消したことになっています。同調査によれば，「解消されている」状態とは，次のように定義されています。

```
　「解消している」状態とは，少なくとも次の２つの要件が満たされている必要がある。ただし，これらの要件が満たされる場合であっても，必要に応じ，他の事情も勘案して判断するものとする。
```

①いじめに係る行為の解消

　被害者に対する心理的又は物理的な影響を与える行為（インターネットを通じて行われるものを含む。）が止んでいる状態が相当の期間継続していること。この相当の期間とは，少なくとも３か月を目安とする。ただし，いじめの被害の重大性等からさらに長期の期間が必要であると判断される場合は，この目安にかかわらず，学校の設置者又は学校いじめ対策組織の判断により，より長期の期間を設定するものとする。

②被害児童生徒が心身の苦痛を感じていないこと

　いじめに係る行為が止んでいるかどうかを判断する時点において，被害児童生徒がいじめの行為により心身の苦痛を感じていないと認められること。被害児童生徒本人及びその保護者に対し，心身の苦痛を感じていないかどうかを面談等により確認する。

とのことです。

　ではまた，同調査からです。次は何の数字でしょうか。

74.4

　これは，「いじめを認知した学校」の割合（％）です。前年度は，68.3％でした。７割以上の学校の学校でいじめが認知されたということです。しかし，本当に注目すべきは，そちら側ではなくて認知されていない学校の割合です。３割程度の学校が，いじめを認知していないことになります。

　みなさんおわかりのように，「いじめがない」ことと「いじめが認知されてないこと」は，別なことです。この２つが，同じ事を意味しているならばそれは喜ばしいことですが，食い違ってしまっている事態も起こっているようです。

🖱 いじめの重大事案が示すこと

神奈川県で起こった事案です＊5。

男子児童（11）が同級生からのいじめが原因で2年以上にわたり不登校になった問題で，市教育委員会の第三者委員会は，日常的ないじめを認定した上で当時の担任や学校の対応が不適切だったとする最終報告書を公表しました。ここでは当時の担任教諭への聞き取り調査が反映され，いじめの詳細や背景がより明らかになりました。それによると，「当初『いじめを認識していなかった』とした女性教諭が『いじめを見て見ぬふりした』『注意するのが面倒』と説明を変えたことなどが書かれていたため，同教諭や校長などに対する再度のヒアリングを実施した」とのことです。

最終報告書では，「2015年5月ごろから16年3月ごろまでの間，当時2年生だった男子児童は同級生から『羽交い締めにされ暴行を受ける』『お前は俺のおもちゃだと笑いながら言われ，馬乗りで殴られる』『押さえつけられズボンを脱がされる』などのいじめを受けたほか，15年10月以降は同級生5人から一方的に殴る，蹴るなど繰り返し暴行された」といったことが認定されました。

次の事案は福島県の中学校です＊6。

福島県南相馬市で2017年2月，いじめを受けた市立中2年の女子生徒，当時（14）が自殺しました。この問題で，市の第三者委員会は19日，「いじめが継続的に行われたことが自殺の主たる要因」と結論付けました。

市教育委員会などによると，女子生徒は2016年7月，学校が実施したアンケートで「いじめを受けたことがある」と回答し，7年1月にも複数の男子生徒から嫌がらせを受けたと訴えていました。そして，同2月11日夜に自宅で自殺しているのが見つかりました。

勿論，こうした事案は全国の学校の実態のごく希な部分を切り取っていることだと思いたいわけですが，これらのことから窺われることは，

> 「いじめを見て見ぬふりをする」教師，「いじめを認知しても指導，改善できない」学校の存在

です。

　もし，こうした実態が他にもあるのだとしたら，いじめの解消率が9割近くあろうとも，いじめが認知されていない学校が3割近くあろうとも，それらの数字には，「見逃されたいじめ」や「指導できないいじめ」が隠れていても不思議ではありません。また，いくらかのいじめを認知していたとしても，そこにも更に認知されていないいじめがあるのではないでしょうか。

　こうした実態の存在は，「うちの学校にいじめがない」「うちのクラスにはいじめはない」と言っている学校や教師の言っていることの説得力を著しく下げることでしょう。もしたとえ，それらの数字が本当だとしても，いじめは1割解消していなくて，7割の学校にはいじめが存在しているわけです。

📖 参考文献

＊4　文部科学省初等中等教育局児童生徒課「平成29年度 児童生徒の問題行動・不登校等生徒指導上の諸課題に関する調査結果について」（平成30年10月25日）

＊5　神奈川県新聞，2018年12月19日（2019年10月9日閲覧 https://www.kanaloco.jp/article/entry-146642.html）

＊6　産経ニュース，2018年2月19日（2019年9月閲覧 https://www.sankei.com/affairs/news/180219/afr1802190022-n1.html）

なぜ，大人はいじめに気付かないのか

本当のいじめは「見えない」

　これらの事例は，教師や学校が認知しているいじめです。その周辺には，認知されないいじめが，相当数あることでしょう。なぜ，大人はいじめを見つけることができないのでしょうか。栗原慎二（2013）は，次の点を指摘しています[7]。

> ① 大人にわからないようになるのがいじめだから
> ② 被害者がきちんと親や教師に伝えない

　この栗原の指摘は，元小学校教師の私としてはとても納得がいく分析です。前節で掲げた数字を私が鵜呑みにできないのは，私が約20年の学級担任経験の中で，いじめやそれに類することがなかったことがないからです。私の学級担任としての力量が低かったからということもあるでしょうが，一緒に勤めた同僚で力があると言われる先生のクラスにもいじめがありました。むしろ，力のある先生ほど，いじめや差別のような状況をえぐり出して，白日の下にさらして指導していました。

　クラスを担任して気付かされるのは，教室内の人間関係には，階層構造（いわゆる「スクールカースト」）みたいなものが存在していることでした。

教室内階層

特に荒れたクラスは，それが顕著でした。ある年に担任したクラスでは，上位にいる子は，成績も優秀でスポーツもよくできました。先生方の評判もいい子でした。そのような子どもたちは，学級崩壊したクラスにおいても「あの子だけは別格」とまで言われていました。しかし，教室内のいじめの構造を，ひとつひとつえぐり出していくと，最後には，上位の2人（男女1名ずつ）に行き着きました。彼らに嫌われないように彼らの気に入らないと思われる子をいじめるような「忖度型いじめ」と言っていいようなものもありましたが，彼らが陰で直接指示をしているような場合もありました。

　最上位の2人をトップにして，下層の子がさらに下層の子をいじめているといういじめの重層構造が形成されていました。彼らは，転入生，学力の低い子は勿論，低学年の頃に鼻水を垂らしていた子（現在は，全くそのようなことはない），身体が不自由な子まで，容赦なくいじめていました。

　しかし，親御さんたちの多くは，自分の子がクラスメートをいじめていることは勿論，いじめられていることも知りませんでしたし，クラスが，そんな状態になっていることもよくわかっていませんでした。階層の上層部になればなるほど，いじめ方は巧妙になり，大人にわからないようにやっていま

した。

　私の経験則から言えば、教師に見つけられるようないじめは「上澄み」であり、子どもたちからしてみれば、それは「うっかりミス」みたいなものです。本当のいじめは、教師には見えないところで進行しています。「うっかりミス」をしないような子どもたちは、教室に吹く風をよく見ていて「ここでやってはいけない」「それをしたらアウト」と認識すると徐々に、或いは、キッパリといじめを止めるのだと思います。

　しかし、「うっかりミス」は、重大事案につながる布石のようなものです。だからこそ「うっかりミス」を見逃してはいけないのです。

「うっかりミス」を見逃しているうちに、クラスは本当に病んでいく

のです。「うっかりミス」は見えます。人を馬鹿にした言葉、手をつながなかった、机をくっつけなかった、などなど、その気になれば日常的に教師の目に飛び込んできます。見えるものは、しっかりと指導しなくてはなりません。

　しかし、「うっかりミス」をいくつか退治したくらいで安心しないことです。ハインリッヒの法則をご存知でしょうか。労働災害における経験則の一つです。1つの重大事故の背後には29の軽微な事故があり、その背景には300の異常が存在するというものです。そのまま数字を当てはめることは適切ではありませんが、その考え方は参考になります。いじめの重大事案の背後には、軽微ないじめがいくつかあり、そして、その背後には、さらに多くの嫌がらせなどがあると考えてもいいのではないでしょうか。

 自分を痛めつけても人には言えない

　また、これはあるお母さんからお聞きしたお話です。

　娘さん（小6）がある日、夜中に、泣き出したり食べた物を吐いたりした

ことがありました。何か心配事でもあるのか聞いたそうです。しかし，娘さんは，頑なに口を閉ざして言おうとしませんでした。そんなことがそれからも続いたので，流石に心配になり，膝をつき合わせて聞くと，漸く重い口を開き，「学校でいじめられている」と言ったそうです。「どうして，話してくれなかったの？」と言うと，娘さんは，今度は激しい口調で「言えるわけないじゃない！」と言い，声を挙げて泣き出したそうです。お母さんに心配をかけたくなかったそうです。

　恐らく，他にも，いろいろな感情や思いがあってのことでしょう。心配をかけたくなかったこともそうかもしれませんし，上手くいっていない自分を見せたくなかったかもしれませんし，その後の対応が心配だったのかもしれません。お母さんは，すぐに学校にその話を伝えました。学校も比較的素早く対応し，幸いにしてその件は解決しました。

　子どもの中には，自分の身体を痛めつけても，家族などの大事な人たちを守ろうとする子がいます。だからこそ，そうなる前に周囲が気付きたいものです。いじめは大人にわからないように進行し，そして，被害者はそれを子ども特有の感情によって周囲に訴えないということを，私たち大人は知って

おかねばなりません。親が「心配なことがあったら何でも言ってね」と言おうが，教師が「いじめ差別は許さない」と気合いを入れて言おうが，子どもたちは，いじめがあることを教えてはくれないのです。むしろそうした指導が，子どもを追いつめる場合もあるのです。

 ## いじめの定義とその問題

　いじめの報道がある度に，学校側と被害者側のいじめに対する「認識の違い」が露呈します。被害者は「いじめだった」と言うし，学校や教育委員会は，「いじめと認識していなかった」と言います。

　では，ここで，いじめの定義をみてみましょう。いじめの定義は，これまで何回か，変更されています。文部科学省から出される「児童生徒の問題行動等生徒指導上の諸問題に関する調査」における，その変遷を振り返りたいと思います。

【昭和61年度からの定義】

　①自分より弱い者に対して一方的に，②身体的・心理的な攻撃を継続的に加え，③相手が深刻な苦痛を感じているものであって，学校としてその事実（関係児童生徒，いじめの内容等）を確認しているもの。なお，起こった場所は学校の内外を問わないもの」とする。

【平成６年度からの定義】

　「①自分より弱い者に対して一方的に，②身体的・心理的な攻撃を継続的に加え，③相手が深刻な苦痛を感じているもの。なお，起こった場所は学校の内外を問わない。」とする。なお，個々の行為がいじめに当たるか否かの判断を表面的・形式的に行うことなく，いじめられた児童生徒の立場に立って行うこと。

　ここで，「学校としてその事実（関係児童生徒，いじめの内容等）を確認

しているもの」が削除されました。また，「いじめに当たるか否かの判断を表面的・形式的に行うことなく，いじめられた児童生徒の立場に立って行うこと」が追加されました。学校の事実認識よりも，被害者の立場が尊重されるようになっています。

【平成18年度からの定義】

　本調査において，個々の行為が「いじめ」に当たるか否かの判断は，表面的・形式的に行うことなく，いじめられた児童生徒の立場に立って行うものとする。「いじめ」とは，「当該児童生徒が，一定の人間関係のある者から，心理的，物理的な攻撃を受けたことにより，精神的な苦痛を感じているもの。」とする。なお，起こった場所は学校の内外を問わない。

　ここで，「一方的に」「継続的に」「深刻な」といった文言が削除されました。また，「いじめられた児童生徒の立場に立って」「一定の人間関係のある者」「攻撃」等について，注釈が追加されました。精神的苦痛という表現に象徴されるように，より被害者側の心情に添ったものになっています。

　そして，いじめ防止対策推進法の施行に伴い，平成25年度から以下のように定義されています[8]。

　「いじめ」とは，「児童生徒に対して，当該児童生徒が在籍する学校に在籍している等当該児童生徒と一定の人的関係のある他の児童生徒が行う心理的又は物理的な影響を与える行為（インターネットを通じて行われるものを含む。）であって，当該行為の対象となった児童生徒が心身の苦痛を感じているもの。」とする。なお，起こった場所は学校の内外を問わない。

　「いじめ」の中には，犯罪行為として取り扱われるべきと認められ，早期に警察に相談することが重要なものや，児童生徒の生命，身体又は財産に重大な被害が生じるような，直ちに警察に通報することが必要な

> ものが含まれる。これらについては，教育的な配慮や被害者の意向への配慮のうえで，早期に警察に相談・通報のト，警察と連携した対応を取ることが必要である。

　時代を反映して「ネットいじめ」に関する文言が付加されました。そして，いじめの質の変化に対応して，警察との連携についても言及しています。このように「被害者ファースト」の度合いを強めて，いじめの定義は変更されてきました。しかし，どんなに定義が変更されようと，それは，

> **本人が訴えないといじめとして認定されない**

ということは変わっていません。

　見方によっては，訴えることができない子どもたちには，引き続き「厳しい定義」と言ってもいいかもしれません。いじめの問題の難しさは，本人がどんなに痛みを感じても，それを他者に伝えないといじめとして認知されないところにあるのではないでしょうか。たとえ，「いじめられています」と伝えたところで，伝えられた側が「それは違う」と認識してしまったらそれまでなのです。

　事例の福島の中学生は，アンケートにきちんと書いているわけです。しかし，それでも対応してもらえなかったのです。子どものいじめ認知と教師や学校のいじめ認知がずれる場合があること，そして，また，周囲の認知が必ずしも，解決を意味しないことがいじめの解決をハードルの高いものにしています。

　児童虐待の場合は，子が親を訴えないことがありますから，そうした場合は，他者からの通報することが法的に定められています。それが解決につながるケースもあります。しかし，いじめにおいては，見逃していいとは誰も言っていませんが，訴えられない子への配慮に欠けていると指摘できるでしょう。

児童福祉法（25条）には，国民全ての義務として「保護者に監護させることが不適当であると認める児童を発見したもの」の通告義務があります。また，それに加えて，児童虐虐待止等に関する法律，第5条で，「学校，児童福祉施設，病院その他児童の福祉に業務上関係のある団体及び学校の教職員，児童福祉施設の職員，医師，保健師，弁護士その他児童の福祉に職務上関係のある者は，児童虐待を発見しやすい立場にあることを自覚し，児童虐待の早期発見に努めなければならない」と規定され，病院や医師には早期発見の努力義務が課されました。

　通告に関しては改めて6条で「児童虐待を受けたと思われる児童を発見した者は，速やかに，これを福祉事務所若しくは児童相談所又は児童委員を介して福祉事務所若しくは児童相談所に通告しなければならない」と規定されています。ここで，「思われる」とされているのは，確証が無くても通告が義務であることを明確化しているのです。つまり，虐待は疑った段階で通告する義務があるということになります。

　「いじめの通告義務」が規定されることが，いいことばかりではなく，むしろ，それに付随する様々なデメリットがあることは容易に想像できます。例えば，仲の悪い子が，相手のちょっとした人間関係のトラブルをとらえて「いじめだ」と訴えるケースが頻発するかもしれません。ただ，いじめの定義がどんなに整備されても，訴えられない子が一定数いることを忘れてはなりません。こうして考えてくると，「いじめられたら誰かに言いなさい」「先生に相談してね」「いじめを見かけたら誰かに知らせなさい」という指導が，如何に子どもたちに負荷を与え，現実的ではないかがおわかりかと思います。

📖 参考文献
　＊7　栗原慎二「第1章これだけは押さえておきたい！いじめ理解・いじめ対応の基礎基本」，栗原慎治編著『いじめ防止6時間プログラム　いじめ加害者を出さない指導』ほんの森出版，2013
　＊8　前掲＊1

4 「いじめの芽」を育てるクラスと摘み取るクラス

 ### いじめの芽を摘み取るクラス

　いじめ指導の一番の大きな問題は，「いじめがないこと」が前提になっていることだと思います。人は病気にならないように，普段から食生活に気を付けたり休養を取ったりします。普段から気をつけているから，健康な生活ができるものです。不健康な状態が想定されているから，予防をしようとするわけです。

　しかし，今のいじめ指導の現状を見ていると，子どもはいじめをしないことが前提とされているのではないでしょうか。前述したように，生物としての人はいじめ加害リスクをもっています。杉田洋（2013）は，「ちょっとした悪口，仲間外し，靴隠しといった段階の「いじめの芽」は，どこの学校にも必ず起こる」と言っています[9]。いじめの基準は杉田と私では少し異なっているところもありますが，こうした認識を全面的に支持します。

　いじめは，起こって当然なのです。にもかかわらず，いじめに対して何の備えもしていないように見えます。こうした前提を踏まえ，杉田は更に言います。「ただ，それが深刻な問題にまで発展するかどうかの分かれ目，「いじめの芽」の段階で，教師や子どもたち自身が重大な問題ととらえることができるかにある[10]」

　杉田はこうした「いじめの芽」を刈り取ることができるクラスを「いじめ

に強い学級」として，次のように3条件を挙げています[11]。

> ①いじめがおきにくい
> ②いじめが比較的早く発見されやすい
> ③いじめが起こっても早期に解決しやすい

　私は，この3条件は，下の図のようなサイクルとして回す必要があると考えています。「いじめが起きにくい土壌」でも，「いじめの芽」は生えます。しかし，大きくなる前に，それを誰かが見付けます。それが「早期発見」です。芽という小さな段階なら，それを刈り取ることは可能です。「早期治療」をすることによって，更にいじめが起きにくい土壌となります。ただ，ここで，このサイクルを誰が回すかというところが大事なのです。

　いじめの問題は，現在のクラスの問題であると当時に，子どもたちの生涯に亘る問題でもあります。教育機関の役割は，子どもたちを「今そこにあるリスク」から回避させることも大事ですが，

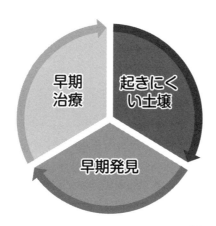

（杉田，2013）をもとに

図5-2　いじめに強い学級を育てるサイクル

なことです。

　みなさんがご存知の通り，大人社会にもいじめや嫌がらせはあります。いじめの芽のない，無菌状態のような環境で育った子どもは，大人になって自分がそうした事態に陥った時，また，人がそうなっている状態を見かけたときに，何もできないのです。

　現在の教室で，いじめそのものを，子どもたちが発見して，解決することはとても難しいでしょう。それに，いじめを解決する力を付けるためだからといって，実際にいじめを体験させることは，教育的ではありませんし，そんなことが許されるわけがありません。

　しかし，「いじめの芽」を発見し，「いじめの芽」を，子どもたちで摘み取ることはできるでしょう。私たちは，学習する生き物です。小さな怪我を繰り返し，大怪我をしないようになります。ちょっとした言い争いをしながら，人間関係の大切さを学びます。また，失敗は学びの宝庫です。小さな怪我をしない人は，大怪我をしない代わりに挑戦もしません。言い争いのできない人は，心底信頼し合うという経験を逃すことになるでしょう。小さなトラブルを見付け解決するからこそ，大きなトラブルにならない方略を学ぶわけです。

　いじめに至りそうな小さな出来事を，子どもたちの手で解決することは，よりいじめが起こらない土壌をつくっていくことでしょう。つまり，このサイクルを回す主語が教師である間は，この３条件は機能しないのです。その主語が子どもたちになったときに，この３条件はサイクルとして回転し，自らを強化していきます。

問題拡大サイクル

　いじめが起こるようなクラスは，それに至るまでの小さなこと，つまり，「いじめの芽」があちこちに生えていたのだと思います。しかし，注意する，叱るなどの「対処療法」しかしなかったために問題が拡大していった可能性があります。しかも，教師が問題を認知したときは，大抵，遅れをとっているものです。特にいじめに類するようなことに関しては，前述したように，教師には見えないところで更に進行している場合があり，教師がとった手立てが，手遅れであり的外れであったりします。そうすると，さらに大きな問題に発展するというパターンです。

　こうした一連の手立ての失敗を，西村行功（2004）は，「応急処置の失敗」として，その因果関係をこのようなループ図に表しています。

　問題を発見すると，管理者は，応急処置をしようとします。応急処置によって，問題は解消したかに見えます。しかし，それは大抵，手遅れだったり

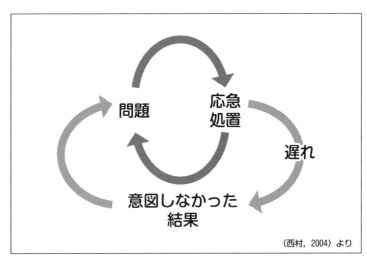

（西村，2004）より

図5-3　問題拡大サイクル

することがあり，そこで，意図しなかった結果を生み出し，更に問題を増幅していることがあるわけです。

　例えば，ある日6年生のあるクラスで，Ａさんが自分の靴がないと泣いていました。そこで担任は，女子数人にＡさんの靴を探すように依頼しました。靴は見つかりました。しかし，その依頼された女子たちは，「どうして私たちばっかり」と，担任の指導に不満をもち，担任に対する不信感を強めました。そして，担任に対する非協力的な態度や反抗をするようになりました。これは，実際にあるクラスで起こったことです。担任はよかれと思ってやったことが，もっと大きな問題を誘発していたのです。

　担任が見落としていたことは，子ども同士の人間関係です。彼女たちが靴を探している時間，他の子どもたちは遊んでいたわけです。彼女たちからしてみると，自分たちも遊びたいのに，どうして自分たちばかり休み時間を奪われるのか，不当だと思ったわけです。そして更に，彼女たちにしてみれば，Ａさんに対してそこまでする義理はないと思っていたわけです。つまり，子ども同士の人間関係の悪化がその根底にあるのに，担任がしたことは，靴を

見つけるという表面的な指導だったわけです。

　つまり，それは手遅れであり的外れだったわけです。その結果，担任への不信感という「意図しなかった結果」を招きました。担任にしてみたら，「靴を隠すことはいけないこと」「隠された子はかわいそう」そして，「困っているクラスメートを助けることは当然のこと」と思っていたことでしょう。しかし，

> ### 一件の靴隠しには，膨大な人権侵害が隠されている

という認識に欠けていたのかもしれません。

　こうした事態にならないために，子どもたち主体で「いじめに強い学級を育てるサイクル」（図5-2）を循環させることが大事なのです。子どもたちが，見つけて発信できるようにすれば，手遅れになりません。子どもたちが，話し合い等によって解決すれば，教師に見えない背景を子どもたちは知っていますから，大きく的外れの解決策にはなりません。

📖 **参考文献**

＊9　杉田洋『自分を鍛え，集団を創る！　特別活動の教育技術』小学館，2013

＊10　前掲＊9

＊11　前掲＊9

5 いじめに立ち向かう最良の方法

 いじめに強いクラスに育てるシステム

　では，いじめの芽を摘み取ることができる，いじめに強いクラスを育てるにはどうしたらいいでしょうか。

　「いじめ，差別は許しません」とか「いじめをしたら知らせなさい」などといった指導は，いじめに対して個々の子どもを「一人で」頑張らせる指導です。ましてや，「いじめを見たら止めなさい」というような指導は，現代の教室で，「燃えさかる火の中に飛び込め」と言っているようなものです。勿論，そういうことができる人，できる子は一定数いると思います。先日，出席させていただいた，あるいじめに対する啓発の集会では，中高生の代表と共にシンポジウムをさせていただきました。

　シンポジストの一人の中学生（中2女子）は，クラスメートが仲間はずれにされたとき，差別的な言動をされたときに「どうしてそういうこと言うの？」と毅然と言ったそうです。それをきっかけに，そのクラスでは，そうした言動がなくなっていったそうです。私は，まだ，そのような中学生がいることに，目頭が熱くなりました。しかし一方で，その子に守ってもらった子はよかったとは思いますが，そのような勇気のある子は，多数派ではありません。そうした子どもを多数派にする必要があるのではないでしょうか。

　そのためには，そういう子どもたちが出てくるためのシステムが必要です。

ヴィゴツキー（柴田・宮坂訳，2005）は，

> 学校の自治，子どもたち自身の組織は，学校における道徳教育の最良の手段

だと言います[12]。子どもたちが，道徳的な心情をもち，道徳的な判断をし，道徳的な実践をするためには，子どもたちを組織化することが大事だということです。子どもたちの「つながり」の力がいじめに対する抑止力になる可能性を示唆しています。

　いじめに強いクラスの3条件を掲げた杉田（前掲）は，いじめに強いクラスをつくる方略として，「特別活動などの指導を通して，子どもたちがこのような問題に立ち向かい，集団を介して解決しようとする力が育てられているかも極めて重要」と，子ども集団の在り方を重視しています[13]。

　本書では，子どもたちの組織化の手立てとして，クラス会議を紹介します。クラス会議の詳細は，次章をお読みください。本章では，クラス会議によって学校改善に取り組む実例を紹介します。

ダイバーシティの学校で取り組まれるクラス会議

　A小学校は，全校児童約350人で，ブラジル，フィリピン，ペルー，中国，インドネシアなどの「外国にルーツをもつ」児童が，約2割を占めます（2018年度当時）。こちらの学校では，市教委からの2年間の研究委嘱を受けたことをきっかけに，学び合う教室の実現を目指して，子どもたちの信頼関係の育成に取り組みました。そこで，学校が選択したことのひとつにクラス会議がありました。そうしたことで，ご縁をいただき，私は2017年1月から2018年12月まで，校内研修にかかわらせていただきました。

　5年生のあるクラスでは，外国にルーツのある男子児童B君にかかわる悩みをクラスみんなで取り上げていました。B君は，みんなと仲良くなりたい

のですが，その声が大きすぎたりすることがあり，みんなとうまく関わることができませんでした。それで，Ｂ君と仲良くするためにはどうしたらいいのか悩んだ子が，議題として提案しました。

　話し合いの決まりでは，「特定の人の名前を挙げない」ということになっていました。だから，議題は「友だちと仲良くするにはどうしたらいいか」という，抽象度の高いモノになっていました。しかし，子どもたちの関心はＢ君との関係であり，解決策は彼を対象にした内容が出されていました。

　クラス会議が始まると，子どもたちは言葉を選びながらも，Ｂ君が直すべきところを指摘していました。しかし，次第に「注意して直らないのはその人（Ｂ君）だけではない」「（ここまで出された）いろいろな指摘は，みんなにもあてはまるんじゃないか？」「これは，みんなが振り返るべき問題じゃないのか」などの意見が出始め，話し合いは，Ｂ君のことから，学級全体をよくしていこうという風に話し合いが進みました。

　私は，この話し合いを参観していました。話題をＢ君からクラス全体に広げたのは，ある男子の発言でした。

　「その人が，突然笑い出すっていうけど，みんなが笑っているときは，その人は笑っていない。だから，笑うポイントが違うだけじゃないのか」

　すると隣の子が，

　「まだ，みんなその人と喋ってないんじゃないか。コミュニケーションをよく取っていないからわからないんだよ」

　これらの意見は，他の子の賛同も得て，子どもたちの関心が，クラスの人間関係の在り方に移っていったのです。この話し合いの後，Ｂ君は，大きな声を出すことを止めました。

　いかがでしょうか。自分のクラスでこうした話し合いをすることは，恐くはありませんか。もし，信頼関係がよくできていないクラスで，このような話し合いをしたら，Ｂ君はみんなから「吊し上げ」のような状態になったことでしょう。しかし，ポイントは，問題点を指摘しながらも，子どもたちは「言葉を選びＢ君を傷付けないように発言していたこと」，そしてこの話し合

い自体が「とてもあたたかな雰囲気で進んでいたこと」です。

　なぜ，それが可能だったのでしょうか。次章で紹介しますが，クラス会議は，いきなり問題を話し合わせるのではなく，話し方，聞き方など，子どもたちが協力し合うための，基礎的な知識，態度，スキルを教えながら進めていくものだからです。議題は，クラスのルールやイベントなど，全体にかかわることばかりではなく，個人の悩みも扱います。子どもたちは，個人の悩みに，寄り添いながら全員で解決策を考えることで，共感することや思いやりをもつことの大切さを学んでいきます。

人と人をつなげる子を育てる

　さらに次のようなクラス会議もありました。当時の校長先生が「クラス会議の最終形」と称したものです。高学年のクラスで行われたものでした。議題は，

> 「家族に障害があると思うとつらくなったり，悲しくなったりするから，少しでも楽になる方法をみんなに考えてほしい」

というものでした。

　クラス会議が始まると，「最初はみんな違うし『普通』はないから個性だと思う」「よいところを探して」などと，議題提案者のＣさんの感情を探りながら，どちらかというと優等生的な意見が出ました。しかし，それを聞くと，Ｃさんは，「それはわかっているけど，つらい」と言いました。彼女のその言葉を聞いたあたりから，子どもたちは自分の抱えるつらさを話し始めました。ある子は，涙を流しながら，ありのままの自分を受け入れてくれた家族のことを話し，ある子は，複雑な家庭環境の中で生活するつらさを話しました。最終的に，彼女は家族の障害を一つの個性として受け止めようとする気持ちになったと言います。

　担任の先生は，この議題を話し合うかどうかとても迷ったようです。デリケートな問題なので，Ｃさんには，「事前に伝えておかなくていいか」と確かめたそうです。担任は，いきなり子どもたちにその議題をぶつけてしまうと，配慮のない意見が出てしまわないかと心配し，事前指導をしようと思ったようです。しかし，彼女は，それを断りました。「みんなのその場の，生の意見を聞きたい」とのことでした。

　何というクラスメートへの信頼でしょうか。もちろん，このクラスが最初からこうだったわけではありません。ここに来るまで，いろいろな葛藤があったと思われます。このクラスで実施された，印象深いクラス会議があります。それは，「ポルトガル語で悪口を言わないでほしい」というものでした。議題だけ聞くと，いかにも参加者の興味を引きそうな，なんだか面白そうなものですが，実際の話し合いは，そんな野次馬根性が入り込むことを許さないような雰囲気であり，真剣そのものでした。私はそれを見ながら，彼らがこれまで過ごしてきた時間の重みを感ぜずにはいられませんでした。

こちらの学校には，

> ### 人と人とをつなげる子

が育っていました。

　先程のCさんのクラスでは，外国にルーツをもつ子どもたちと日本人の子どもたちをつなげるお姉さんのような子がいて，外国から来て間もない子どもたちの通訳をやっていました。彼女自身も外国にルーツをもつ子で，他の子よりも少し早く日本に来たようでした。また，日本人の子どもたちの中にも，外国にルーツをもつ子どもたちと日本人の子どもたちをつなげることに積極的な子がいて，意見の調整役をやっていました。

　B君は，最初の訪問では，前述の通りクラスへの適応に課題をもっていました。しかし，半年後の次の訪問の時には，グループ学習時に，来日して間もない子への学習支援をしていました。トラブルメーカーは，クラスのつなぎ役に変貌していました。

　日本人ばかりが通う学校で，子ども同士がかかわり合うとトラブルを起こすからなるべく交流させないという学級経営戦略をとる教師がいないわけではありません。しかし，この学校は，真逆の戦略を選択しています。

> ### わかり合うことや折り合うことは，かかわり合うことなくしてあり得ない

ということを，全校体制で取り組んだのです。

　中野（前掲）が主張するように，生物としてのヒトは，いじめをやめられないのかもしれません。しかし，ヒトは，組織化されることによっていじめに対する抑止力をもつと考えられます。つまり，ヒトは繋がることによって，人間になるのです。人と人の間で，人間が生まれるとは，実に言葉はうまくできています。

　杉田（前掲）が言う，いじめに強いクラスの第一条件は，「いじめを生まない土壌」です。杉田は，「いじめを生まない土壌」の条件の中で，「モラルの高い状態」を挙げています*14。ヴィゴツキー（前掲）によれば，子どもの道徳性を高めるには，子どもたちを組織化すること，つまり，つなげることです。子どもたちがつながっている状態であれば，クラスの中で起きる「いじめの芽」に誰かが気付くことになるでしょう。早期発見が実現します。早期発見ができれば，早期治療が可能になることでしょう。

📖 参考文献

＊12　ヴィゴツキー，柴田義松・宮坂琇子訳『ヴィゴツキー心理学講義』新読書社，2005

＊13　前掲＊9

＊14　前掲＊9

本当に必要なものを育てる

新時代の教師の力

 ## 新学習指導要領の背骨

　本書が刊行される頃は，丁度，新学習指導要領が小学校において全面実施，中学校では全面実施直前となります。みなさんの教室で，展開されている教育活動は，それにふさわしいものにアップデートされていますか。「主体的・対話的で深い学び」に取り組もうとする教師がいる一方で，依然として一斉講義型の授業を続けている教師もいるようです。いや，むしろ，原点回帰よろしく，そちらへの志向が強まっているという現状も見られるようです。みなさんの周囲はいかがでしょうか。

　こういう話は，いつも過渡期に聞かれます。現在だって英語教育はいらないとか，プログラミング教育はコンピュータを使用するとは限らないとか，言われています。同様に，対話や協働よりもまず基礎学力，だから個別に基礎学力をしっかりつけてから，というわけです。確かに，英語やプログラミングは，高度なレベルで必要なのは一部の子どもたちだけかもしれません。それらを生業として必要なレベルで身に付ける子どもたちは，国民全員レベルの話ではないのかもしれません。しかし，だからといって必要ないという話にはならないと思います。

　必要度で言うと，対話や協働は少し「レベルが異なる」と考えています。みなさんが，もし，学校関係者でなかったとしたら，生活のどれくらいに国

語や算数などの教科で身に付ける能力が必要でしょうか。義務教育レベルならば，日常生活で役立っている実感はあるかもしれませんね。しかし，高校や大学で習ったことになるとどうでしょう。それほど，多くの方が必要ではないかもしれませんね。一方，対話や協働の力はいかがでしょうか。対話や協働が必要ない日は，年間にどれくらいでしょうか。毎日のように誰かと話し，誰かと協力をしているのではないでしょうか。しかし，この日常性が曲者で，あまりにも日常的過ぎるが故に意識されずに，その育成の優先順位が下がるようなことが起こります。

　ただ，この対話や協働の力は，新学習指導要領においては重要な位置づけがなされています。例えば，小学校学習指導要領（平成29年3月告示）には，前文に次のように書かれています。

　これからの学校には，こうした教育の目的及び目標の達成を目指しつつ，一人一人の児童が，自分のよさや可能性を認識するとともに，あらゆる他者を価値のある存在として尊重し，多様な人々と協働しながら様々な社会的変化を乗り越え，豊かな人生を切り拓き，持続可能な社会の創り手となることができるようにすることが求められる。このために必要な教育の在り方を具体化するのが，各学校において教育の内容等を組織的かつ計画的に組み立てた教育課程である。

　このように新学習指導要領は，対話や協働の力を身に付けることができるように計画されたと言っていいような設計になっているのです。資質・能力の三つの柱（資料6-1）においては，学びに向かう力，人間性等は，知識・技能や思考力・判断力・表現力を使う方向性を示す位置付けになっています。つまり，これらの力を起動させ，社会への貢献や自らの幸福の創造を実現するリソースが，対話や協働による問題解決の力になっていると見られます[1]。こうした学習指導要領改訂の議論の過程で，協働的問題解決の力と呼んでいましたので，本書では，協働的問題解決能力と呼びたいと思います。

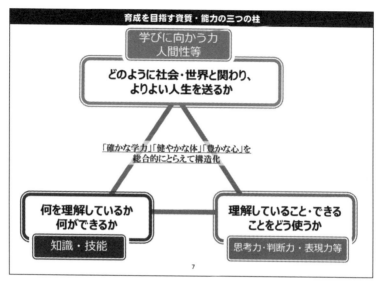

資料6-1　育成を目指す資質・能力の三つの柱[*2]

新学習指導要領，次へ

　また，このタイミングで，2019年4月17日に，柴山文部科学大臣は，中央教育審議会に，「新しい時代の初等中等教育の在り方について」を諮問しました（資料6-2）。急激な社会変化が進む中で，Society5.0の到来が予想される昨今，学校教育も変化していかなくてはならないという課題意識のもと，これからの初等中等教育の在り方について現状及び課題を踏まえて検討するためにです。もう，実質，次の学習指導要領の議論が始まっていると考えた方がいいでしょう。

　Society5.0とは，第5期科学技術基本計画のキャッチフレーズとして登場しました。サイバー空間（仮想空間）とフィジカル空間（現実空間）を高度に融合させたシステムにより，経済発展と社会的課題の解決を両立する社会の姿です。

新しい時代の初等中等教育の在り方について（諮問概要）

現在の学校教育の成果の例

- OECD・PISA2015で15歳の子供たちは、数学的リテラシーや科学的リテラシーがOECD加盟国中1位など、<u>世界トップレベルの学力水準</u>

- <u>全国学力・学習状況調査</u>において、<u>成績下位の都道府県の平均正答率と全国の平均正答率との差が縮小</u>するなど学力の全体的な底上げが確実に進展

- <u>高等学校の多様化</u>が進み、<u>大学や産業界等との連携</u>の下で様々な教育や、<u>地域社会の課題解決に大きく貢献する活動</u>が展開

> 知・徳・体を一体で育む「日本型学校教育」は学力水準を高め、社会性を育んできた
> それを支えてきたのは、子供達の教育に志を持つ教師の献身的な取組である

社会の急激な変化とともに、次のような課題も顕在化

- <u>児童生徒の語彙力や読解力に課題</u>

- <u>高校生の学習時間減少や学習意欲の希薄化</u>

- <u>大学受験に最低限必要な科目以外を真剣に学ぶ動機の低下</u>

- <u>いじめの重大事態</u>や<u>児童虐待相談対応件数が過去最多、障害のある児童生徒、不登校児童生徒、外国人児童生徒等の増加</u>

- 教師は<u>小学校月約59時間、中学校月約81時間の時間外勤務</u>（平成28年度の教員勤務実態調査）

- 教師の採用選考試験の競争率の減少、とりわけ<u>小学校採用試験の倍率の急落</u>
  [12.5倍（平成12年度）→3.5倍（平成29年度）]

- 学校の<u>ICT環境は脆弱</u>であり、<u>地域間格差も大きい</u>など危機的な状況

- 人口減少、少子高齢化の進展により、<u>一市町村一小学校一中学校等の自治体が増加</u>

Society5.0時代の教育・学校・教師の在り方

- Society5.0時代には、①<u>読解力や情報活用能力</u>、②<u>教科固有の見方・考え方を働かせて自分の頭で考えて表現する力</u>、③<u>対話や協働を通じて知識やアイディアを共有し新しい解や納得解を生み出す力</u>等が必要

- 教師を支援するツールとして<u>先端技術を活用</u>し、①<u>地理的制約を超えた多様な他者との協働的な学び</u>、②<u>一人一人の能力、適性等に応じた学び</u>、③<u>子供たちの意欲を高めやりたいことを深められる学び</u>を実現

- <u>子供たちの学びの変化に応じた資質・能力を有する教師</u>、多様性があり、変化にも柔軟に対応できる教師集団

- <u>「チームとしての学校」の推進</u>

Society5.0時代の到来を見据え、初等
中等教育の現状及び課題を踏まえ、

新学習指導要領の実施　　**これからの初等中等教育の**　　学校における働き方改革
在り方について総合的に検討

資料6-2　新しい時代の初等中等教育の在り方について（諮問概要）[*3]より

「Society5.0時代の教育・学校・教師の在り方」を見ると，やはりここでも，「Society5.0時代には，①読解力や情報活用能力，②教科固有の見方・考え方を働かせて自分の頭で考えて表現する力，③対話や協働を通じて知識やアイディアを共有し新しい解や納得解を生み出す力等が必要」とあります*4。つまり，協働的問題解決能力は，新学習指導要領でも，そして，更に次の学習指導要領でも重視され続け，わたしたちの国の教育におけるキーワードの一つになっていくことでしょう。

　ただ，各学校の取り組みを見ていると，「深い学び」への注目度が高く，そのためか，教科固有の見方・考え方へ関心が集まっているように思います。そこに注目することは誤ってはいないと思います。しかし，忘れてはならないことがあります。それは，各教科における資質・能力は，この3つの柱に資するものであり，それらを横断する視点があることです。

　第1章　総則，第2　教育課程の編成，2　教科等横断的な視点に立った資質・能力の育成
(1)　各学校においては，児童の発達の段階を考慮し，言語能力，情報活用能力（情報モラルを含む。），問題発見・解決能力等の学習の基盤となる資質・能力を育成していくことができるよう，各教科等の特質を生かし，教科等横断的な視点から教育課程の編成を図るものとする。
(2)　各学校においては，児童や学校，地域の実態及び児童の発達の段階を考慮し，豊かな人生の実現や災害等を乗り越えて次代の社会を形成することに向けた現代的な諸課題に対応して求められる資質・能力を，教科等横断的な視点で育成していくことができるよう，各学校の特色を生かした教育課程の編成を図るものとする。

　協働的問題解決能力の育成は，どこか特定の教科のみで行うものではなく，教科横断的な視点に立ってするものだということです。つまり，カリキュラム全体で，育てていくものだと考えた方がいいでしょう。

新時代の教師の在り方

　今回の諮問で，もっとも注目されたのが「審議をお願いしたい事項」（資料6-3）の「1．新時代に対応した義務教育の在り方」における，「義務教育9年間を見通した児童生徒の発達の段階に応じた学級担任制と教科担任制の在り方や，習熟度別指導の在り方など今後の指導体制の在り方」でした[5]。これが，小学校高学年における教科担任制の導入として注目されました。

　しかし，私が注目したのは，「4．これからの時代に応じた教師の在り方や教育環境の整備等」における，「児童生徒等に求められる資質・能力を育成することができる教師の在り方」です。資質・能力の中核を為すのは，協働的問題解決能力だと考えられます。本来ならば，資質・能力を育成することは，新学習指導要領で実現されねばならないはずです。しかし，このことが，次の学習指導要領に向かって議論されていかねばならないということは，現状に問題があると指摘しているのかもしれません。

　どうでしょうか，みなさんの周囲を見渡してみてください。どれくらいの子どもたちに，協働的問題解決能力が育っているでしょうか。どれくらいの教師，教室がそこに取り組んでいるでしょうか。

参考文献

＊1　赤坂真二『資質・能力を育てる問題解決型学級経営』明治図書，2018
＊2　中央教育審議会「幼稚園，小学校，中学校，高等学校及び特別支援学校の学習指導要領等の改善及び必要な方策等について（答申）補足資料」文部科学省，2016年12月21日
＊3　中央教育審議会「新しい時代の初等中等教育の在り方について（諮問概要）」文部科学省，2019年4月17日
＊4　前掲＊3
＊5　前掲＊3

中央教育審議会において審議をお願いしたい事項

１．新時代に対応した義務教育の在り方

○ 基礎的読解力などの**基盤的な学力の確実な定着**に向けた方策

○ 義務教育９年間を見通した**児童生徒の発達の段階に応じた学級担任制と教科担任制**の在り方や、**習熟度別指導の在り方**など**今後の指導体制**の在り方

○ 年間授業時数や標準的な授業時間等の在り方を含む**教育課程**の在り方

○ **障害のある者を含む特別な配慮を要する児童生徒**に対する指導及び支援の在り方など、児童生徒**一人一人の能力、適性等に応じた指導**の在り方　　　　等

２．新時代に対応した高等学校教育の在り方

○ 普通科改革など**各学科の在り方**

○ 文系・理系にかかわらず様々な科目を学ぶことや、**STEAM教育**の推進

○ 時代の変化・役割の変化に応じた**定時制・通信制課程**の在り方

○ **地域社会や高等教育機関との協働**による教育の在り方　　　　　　　等

３．増加する外国人児童生徒等への教育の在り方

○ 外国人児童生徒等の**就学機会の確保**、教育相談等の**包括的支援**の在り方

○ 公立学校における外国人児童生徒等に対する**指導体制の確保**

○ **日本の生活や文化**に関する教育、**母語の指導**、**異文化理解や多文化共生**の考え方に基づく教育の在り方　　　　　　　　　　　　　　　　　　等

４．これからの時代に応じた教師の在り方や教育環境の整備等

○ 児童生徒等に求められる資質・能力を育成することができる**教師の在り方**

○ 義務教育９年間を**学級担任制を重視する段階と教科担任制を重視する段階**に捉え直すことのできる**教職員配置や教員免許制度**の在り方

○ **教員養成・免許・採用・研修・勤務環境・人事計画**等の在り方

○ 免許更新講習と研修等の位置付けの在り方など**教員免許更新制の実質化**

○ **多様な背景を持つ人材によって教職員組織を構成**できるようにするための免許制度や教員の養成・採用・研修・勤務環境の在り方

○ 特別な配慮を要する児童生徒等への指導など特定の課題に関する**教師の専門性向上のための仕組み**の構築

○ 幼児教育の無償化を踏まえた**幼児教育の質の向上**

○ **義務教育をすべての児童生徒等に実質的に保障**するための方策

○ **いじめの重大事態、虐待事案**に適切に対応するための方策

○ 学校の小規模化を踏まえた**自治体間の連携等を含めた学校運営**の在り方

○ **教職員や専門的人材の配置、ICT環境や先端技術の活用**を含む条件整備の在り方　等

資料６-３　中央教育審議会において審議をお願いしたい事項[5]

2 厳しい挑戦の時代に必須の能力

 使えない学力を生きる力に変換するもの

　図6-1は，資質・能力の3つの柱を私なりに解釈し直して再構成したものです。知識技能と活用力（思考力・判断力・表現力等）は，往還構造で互いを高め合っていきます。これは，インプットとアウトプットの関係に似ています。質の高いインプットは，質の高いアウトプットを実現します。質の高いアウトプットは，より質の高いインプットを求めます。こうして，双方の質は高まります。しかし，それだけでは，学びに向かう力・人間性，つまり，社会貢献と幸福の実現には向かわないのです。そこでグルグル回っているだけでは，その力は，「使えない通貨」になる可能性があります。

> 　それらの能力を，社会貢献と幸福の実現に寄与せしめるのは，協働的問題解決能力

です。つまり，対話や協働を通して問題解決をするからこそ，知識技能，思考力・判断力・表現力等が，学びに向かう力・人間性の育成に向かうわけです。通貨は，使ってこそ意味があるわけです。これまでの時代は，その通貨が使えようが使えまいが，ため込んだ人が社会的ステイタスを得ることができると思われていて，実際に，そうなった人たちが少なからずいたわけです

（日本の学歴社会は，意図的につくられたものです。そのことは，少し調べればすぐにわかります）。

　しかし，これからは，使えない通貨をいくら貯め込んでも，社会に貢献できず，自らの幸福を創り出すことも難しくなるわけです。いずれ世の中は，そうなっていくことでしょう。気をつけなくてはならないことは，今が過渡期だということです。子どもたちの生きる社会は，使える通貨で勝負する時代になっているだろうにもかかわらず，彼らの教育に決定権をもっている大人の多くが，まだ使えない通貨の心棒者であるということです。ここが今の子どもたちにとってしんどいことです。

　だからこそ，教師は，「児童生徒等に求められる資質・能力を育成することができる教師」にならねばならないのです。では，協働的問題解決能力を育てるために，教師は子どもたちのために何ができるのでしょうか。

幼稚園，小学校，中学校,高等学校及び特別支援学校の学習指導要領等の解答及び必要な方策等について（答申）平成28年12月21日をもとに（著者）

図6-1　「これから」を生きる力

　まず，目指すゴール像を考えましょう。イメージがないと子どもたちに働きかけようにも何をしていいかわかりません。協働的問題解決能力をもった子どもたちはどんな子どもたちなのでしょうか。

　子どもたちがこれからどういう環境におかれるか，その予測が学習指導要領の冒頭に書かれています。

　今の子供たちやこれから誕生する子供たちが，成人して社会で活躍する頃には，我が国は厳しい挑戦の時代を迎えていると予想される。生産年齢人口の減少，グローバル化の進展や絶え間ない技術革新等により，社会構造や雇用環境は大きく，また急速に変化しており，予測が困難な時代となっている。また，急激な少子高齢化が進む中で成熟社会を迎えた我が国にあっては，一人一人が持続可能な社会の担い手として，その多様性を原動力とし，質的な豊かさを伴った個人と社会の成長につながる新たな価値を生み出していくことが期待される。（小学校学習指導要領（平成29年告示）解説　総則編　第1章　総説　1改訂の経緯及び基本方針（1）改訂の経緯）

　「社会構造，雇用環境の変化」「予測が困難」「急速な少子高齢化」などによって，今の子どもたちは，「厳しい挑戦の時代」に生きるようです。いろんなストレス，ジレンマに向き合うことになるでしょう。そんな状況では，問題，困難が連続する生活が想定されます。そんなときに，一人でそれを抱え込むことは，壁に突き当たり八方塞がりになる可能性があります。しかし，そんなときに，その壁を突き破ってくれるのが協働の力です。一人では，解決できない問題も，誰かとつながったら誰かが打開策をもっているかもしれないし，一緒に打開策を考えることができるわけです。

問題を効果的に解決した子どもには，その経験が自信となることでしょう。

かかわる力と生きる力

　玄田有史（2009）は，「厳しい挑戦の時代」に生きる子どもたちにとって
生きる力とは何かを示唆する興味深い研究をしています＊３。対人関係にか
かわる問題と希望の問題です。

　次頁の図６-２は，「自分は他人と協力しあうのが得意だ」という質問に対
する解答毎に，実現見通しのある希望を有する割合を調べたものです。これ
を見ると，自分は他人と協力し合うのが得意だと思う度合いが高いほど，希
望をもっている割合が高いことがわかります。問いに対し，「そう思う」と
回答している人たちは，７割近くが希望をもっていると見られます。

　また，自分のおかれた状況として「自分は孤独だ」と感じる度合いと，実
現見通しのある希望の保有割合も調べました。図６-３からわかるように，
「自分は孤独だ」と思わない度合いが高いほど，希望をもつ割合が高くなり

ます。「自分は孤独だ」と思わない人たちの，約70％が希望をもっていると見られます。希望が他者との関係性によって影響を受けることは，友人の数による希望の保有割合からもわかります。友だちが「多い」と答えている人たちは，「少ない」と答えている人たちよりも，希望を持っている割合が高いことは明らかなようです（図6-4）。

　つまり，自分のことと，協力し合うのが得意で友人が多く，孤独ではないと思っている人たちは，実現見通しのある希望をもっている可能性が高いと言えるのではないでしょうか。

　なぜ，人間関係が，希望の有無に影響するのでしょうか。玄田は，「友人からの承認が，「自分が存在してもいいのだ」という存在意義につながり，

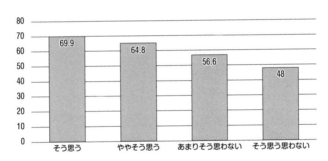

図6-2　実現見通しのある希望を有する割合
（「自分は他人と協力しあうのが得意だ」の解答別）（玄田，2009）より

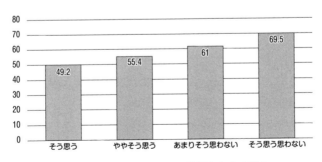

図6-3　実現見通しのある希望を有する割合
（「自分は孤独だ」についての解答別）（玄田，2009）より

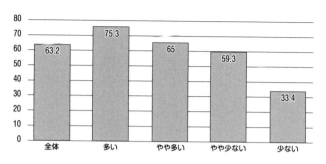

図6-4　友だちの多寡別にみた実現見通しのある希望を有する割合
（玄田，2009）より

それが将来の希望につながる」との見方を支持しています[*4]。

　玄田は，希望を持つことの意味も調べています。それによれば，希望のある人もない人も，およそ8割の人たちが，希望を，生きるための活力源や目的を共有する人との出会いを広げる機会となるなどと肯定的に捉えていました（この調査では，実現見通しの希望を持つ人は，「人は信用できない」と思っている割合が低いことがわかりました）[*5]。また，社会のあり方や社

会における悲観的・消極的な意識を有している人ほど，希望を有する割合が低いこともわかりました[6]。

　玄田の研究によれば，希望は，人が元気に生きる上で，また，人を信用したり社会的に適応したりすることにおいて，大切な要因であるということです。しかも，その希望を有する可能性は，協力することに対する効力感や孤独感，友人数の多寡の認知など，他者との関係性に影響を受けているということです。

　厳しいチャレンジの時代に，活力をもって生き抜くためには人を信頼しつながり協力すること，そして，それができると自覚していくことは，かなり重要な資質であり能力だと考えられます。これからの時代，

> ## 他者とつながれないことは，人生のリスク

であるとすら言っていいのではないでしょうか。

　希望を持って生きるためには，人とつながることへの自信が大事であることがわかりました。実際に，教室ではそのような機会を設定するにはどうしたらいいのでしょうか。

📖 参考文献

＊3　玄田有史「第4章　データが語る日本の希望　可能性，関係性，物語性」東大社研・玄田有史・宇野重規『希望学Ⅰ　希望を語る　社会科学の新たなる地平へ』2009，東京大学出版会，pp.127-172
＊4　前掲＊3
＊5　前掲＊3
＊6　前掲＊3

3 教え子を「ゆでガエル」にすることなかれ

 成功を強化する仕組み

　「厳しい挑戦の時代」に，人とつながれないことは「人生におけるリスク」だと述べました。人とつながることができれば，友人を得ることができるでしょうし，孤独感も解消することでしょう。では，私たちは人とつながるために何をしたらいいのでしょうか。その問いを解決するヒントが「協力すること」にあります。対人支援に豊富な実践的エビデンスをもつアドラー心理学の提唱者，アルフレッド・アドラーは「人生は仲間に関心を持ち，全体の一部であり，人類の幸福に貢献することである」また「人生の課題はすべてそれが解決されるためには，協力する能力を必要とするのである」と言います[7]。つまり，他者に関心をもち，他者の幸福に対して協力し貢献する能力が，私たちを幸せな人生に導くと言っているのです。このアドラーの主張を先述の玄田の研究は裏付けていると言えるでしょう。

　しかし，何も行動しない状態では，「自分は他者と協力できる」という実感をもつことは難しいのではないでしょうか。協力することに対する自信を得るには，実際に協力する体験が必要です。このことを理解する時にも，第3章で紹介した「Reinforcing Engine of Success」（成功の循環図：図3-2）が役立ちます。

　関係性の質を上げることが，考えの質を上げ，それが，行動の質を高め，

それが，結果の質を上げ，そしてさらに，そのことが関係性の質を上げていくというモデルです。よい結果，高いパフォーマンスを示している組織には，このサイクルの循環が見られるということです。

「仲良し」が即ち「生産性が高い」ことを意味しないことは，みなさんは経験的に知っていることでしょう。また一方で，成功体験がより組織の結束力を高めることも知っていることでしょう。中学校などでは，体育祭や合唱コンクールなどで，よい結果を収めるとクラスがまとまることがあります。また，スポーツなどでは，一つの勝利がチームのまとまりをよくしたりすることがあります。プロスポーツなどでは，一勝によって「勢いに乗る」という現象を目にすることがあるでしょう。

私たちが質の高い関係でいるためには，

> 行動の結果の質を上げること

つまり，協力し合って何かを成し遂げることが必要なのです。このモデルが掲載されている書籍のタイトルは，「Organizing for Learning：Strategy for Knowledge Creation and Enduring Change」訳すと「学習のための組織化：知識の創造と永続的な変化のための戦略」です。私たちが，学習を続けるためには，知識の創造と変化し続けることが大事であることが，この図の示す本質であることが窺えます。生涯学習社会では，学び続けることが求められます。学生時代に獲得した知識だけで，生きていけると思っている人は，今の世の中にはいないでしょう。

協働的問題解決能力をつけていくためには，協力的な関係性の中で問題解決をする成功体験が必要なのです。

問題解決サイクルが回る生活

学習指導要領の中で，成功の循環図によく似た，サイクル図が採用されて

います。小中学校の学習指導要領解説の特別活動編に示されている学級活動の指導過程の例です。図6-5は小学校の学級活動の「(1)学級や学校における生活づくりへの参画」に準じて作成してありますが、「(2)日常の生活や学習への適応と自己の成長及び健康安全も「(3)一人一人のキャリア形成と自己実現」も、また、学級活動だけでなく、児童会、学校行事そして、中学校の特別活動も基本的には同様の構造です。問題の内容や性格が異なるだけで、それを話し合って解決策を決めて、振り返り、次の課題に向かうという構造になっています。

　教室において、成功の循環を起こすには、もちろん教科指導の場面も想定されますが、教科の内容や指導法は多岐にわたり、各教科指導において一つ一つそれを構成していくのは、多大なコスト（手間）がかかることでしょう。しかし、特別活動は、指導過程が成功の循環図をはめ込みやすい形になっています。

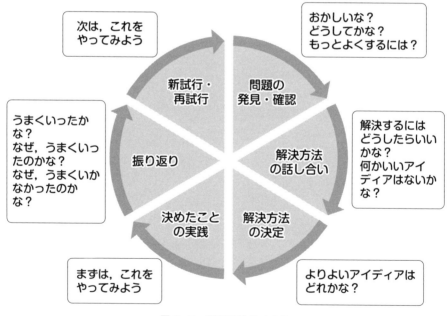

図6-5　問題解決サイクル

この特別活動に見られる指導過程例は，問題解決のためのサイクル図になっているので，私は，「問題解決サイクル」と呼んでいます。成功の循環図をこの問題解決サイクルに転用するためには，外してはいけないポイントがあります。

　それは，成功の循環は，必ず，「関係の質の向上」という道を通ります。したがって，問題解決サイクルにおいても，そこを通らなければなりません。

> **問題解決のサイクルは，関係性の向上を意図的に計画しながら回す**

のです。

　第3章を思い出してみてください。子どもたちのコミュニケーションの状態によっては，協力的な話し合いの準備ができてない実態のクラスもあります。コミュニケーションの量の少ないクラスで話し合いをしたらどうなるでしょう。意見そのものが出てこないかもしれません。意見の出ない話し合いがどのような状況か，想像がつく方も多いでしょう。わかりやすいのが大人の話し合いです。「意見ありませんか」と司会者が言って，気まずい沈黙の後，なんとなく，その空気に耐えられなくなった何人かの人が苦し紛れの意見を言うか，声の大きい人がひとことふたこと言って，「じゃあ，それで」となるのが目に見えています。

　コミュニケーションの質の低いところで，話し合いをしたらどうなるでしょう。相手の感情に配慮しない意見が飛び交い，また，それが嫌だから発言が減るという，「質が落ちて量が減る」悪循環にはまるだけです。話をしなくなったら，教室内の関係性は地に墜ちます。

　質の悪い話し合いで，よい結論が出ませんので，そうしたことを繰り返すと，成功の循環とは逆のことが起こり，人間関係が悪くなります。人間関係の悪化は，メンバー間の信頼を失わせます。学級内の人間関係が悪いことは，学級内の問題にとどまりません。人への不信感を学習させてしまう恐れがあります。不信感を学習すると，協力が困難になります。協力が困難になると，

希望が持てなくなります。希望がもてなくなると……，もうおわかりですね。人間関係の悪化は，子どもたちの人生をリスクに晒すことになります。逆に子どもたちの生活において，成功の循環が回り出せば，子どもたちは協力を学び，人生に希望をもつ確率を高めます。

　ここで，問題はその循環を「誰が」回すのかということです。

 ## 熱さに気づき，熱いと声をあげ，飛び出せる子ども

　問題解決サイクルの中で，最も私が重視しているのが，「問題の発見・確認」のステップです。

　「ゆでガエル」という言葉をご存知でしょうか。「ゆでガエル現象」などと呼ばれることがありますが，環境の変化に対応することの重要性，困難性を指摘するために用いられる警句のひとつです。2匹のカエルを用意し，一方は熱湯に入れ，もう一方は緩やかに昇温する冷水に入れます。すると，前者は直ちに飛び跳ね脱出・生存するのに対し，後者は水温の上昇を知覚できず

に死んでしまう現象から来ている言葉ですが，実際のカエルは，温度が上がると逃げ出すそうなので，作り話とも言われています。ただ，作り話だとしても，たとえとしてはわかりやすいです。

　今，私たちの国の置かれている状況は，国民が「ゆでガエル」になってしまうリスクが高まっているのではないでしょうか。「はじめに」で，河合の「静かなる有事」という言葉を引用しましたが，まさに，そのことです。ゆっくり崖に追いやられるような状況では，

> 問題に気付かないことは，子どもたちの人生のリスクを高める

のです。

　新学習指導要領における，資質・能力の育成の「教科等横断的な視点」に次のことが書かれていていたことを覚えていますか。

　「(1)　各学校においては，児童の発達の段階を考慮し，言語能力，情報活用能力（情報モラルを含む。），問題発見・解決能力等の学習の基盤となる資質・能力を育成していくことが　できるよう，各教科等の特質を生かし，教科等横断的な視点から教育課程の編成を図るものとする」

　敢えて「問題解決能力等」と表記せず，「問題発見・問題解決能力等」をしているところに，新学習指導要領のメッセージを感じます。こうした重要な能力は，カリキュラム全体で取り組むべきと考えますが，教科指導は，その性格上，問題は教師が与えることになります。その時点で，子どもたちは，主体的になることが難しいのではないでしょうか。

　しかし，だからと言って私は，それがダメなこと，いけないことだと思いません。教科指導には，教えなくてはならない内容があるからです。教師が与えたことを，あたかも子どもたちが考えたように「偽造する」学習課題の設定の方が私は，問題が大きいように思います。そういうことをしていると，子どもたちは，教師の意図を読みとる癖をつけてしまい，教師の想定の範囲内で学習するようになり，それの想定を超えるような学習をしなくなってし

まいます。

　だから，

> ### 子どもたちが問題の発見をする時間を確保すればいい

のです。特別活動，とりわけ，学級活動だったら，それを実現することが可能なのです。問題解決サイクルは，教師が回し続ければ，それはどこまでいっても，教師主導であり，子ども主体ではありません。

　「こうしたい！」「もっと，よくしたい！」「相談にのってほしい」「あれは，おかしい？」などと，声をあげることができるシステムがクラスには必要なのです。そういうクラスだからこそ，いじめの早期発見，解決なども可能になるのです。今，学校や教師に問われているのは，教え子たちに，問題に気づき，「なんとかしよう」と声をあげ，なんとかするために協力して行動する力を身に付けることができるかどうか，ということなのではないでしょうか。

📖 **参考文献**

＊7　アルフレッド・アドラー，岸見一郎訳『人生の意味の心理学上』アルテ，2010

＊8　Daniel H. kim『Organizing for Learning：Strategy for Knowledge Creation and Enduring Change』2001, Pegasus Communication, Inc

4 クラス会議の進め方

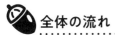

全体の流れ

　子どもたちに①協力のための価値，態度，スキルを教え，②問題発見からの協働的問題解決体験を通して，③メンバー間の信頼関係を築き，④コミュニティの質を上げ，⑤人とつながって生きる力を身に付ける機会を提供する，そんな方法論の一つがクラス会議です。

　図6-6をご覧ください。方法論は，至ってシンプルです。クラス会議の発言は，基本的に，輪番で行います。発言者が，トーキングスティックと呼ばれる棒状のモノを持って，発言が終わったら，隣の子に渡します。言えないときは，パスをします。

（1）輪になる

　椅子だけで，輪になります。クラスによっては，椅子を使用しない場合もあります。全員の顔を見て，対等な立場で話すためです。クラス会議で徹頭徹尾大事にしたいことは，子どもたちの対等性です。対等性は，発言の均等性から生まれます。子どもたちに，互いが対等であることの象徴として，上下のない輪という形を選択しています。スクール形式の授業は，仲間の後ろ頭を見て，学習します。クラス会議は，互いの顔と顔を見て話し合います。

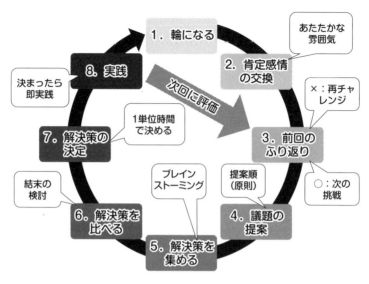

図6-6　クラス会議の流れ

（2）肯定感情の交換 🌿

　いい気分になったことや感謝したいことや誰かをほめたいことを言います。クラス会議では，明るく前向きであたたかい雰囲気を大事にします。最初の雰囲気づくりが，話し合いの成否を左右することもあります。クラス会議前に，お小言やお説教は慎みたいものです。笑顔で，冗談の一つや二つ飛ばしながら始められたら理想です。「いい気分・感謝・ほめ言葉」，「ハッピー・サンキュー・ナイス」などのタイトルで実施されています。

（3）前回の解決策の振り返り 🌿

　前回のクラス会議で話し合ったことがうまくいっているかどうか，振り返ります。うまくいっていれば，今日の議題を話し合います。うまくいっていない場合は，前回の議題について新しい解決策を話し合うことがあります。クラス会議は，子どもたちが自分たちで，問題解決をする活動です。うまくいかないからといって，ここで教師が注意したり叱ったりしたら，協働的問

題解決能力の育成が台無しになります。また，有能感のようなことも損われることでしょう。

（4）議題の提案 🍃

　原則的に，出された議題は，提案された順番に全て話し合います。しかし，このシステムに慣れるまでは，教師が，事前に議題をチェックして，話し合いに適しているかどうかを判断することはやむを得ないでしょう。しかし，教師が議題を都合のいいように加工し過ぎたり，教師の話し合わせたい議題ばかり取り上げたりしていると，子どもたちは，自分たちのための話し合いではないと認識し，急速にやる気を失うことがあります。

　なお議題は設置された議題箱に「みんなで話し合いたいこと」や「相談したいこと」のある子が用紙に書いて投函することで集められます。

（5）解決策を集める 🍃

　出された議題に対して解決策を集めます。この時，ブレインストーミングの約束を教えます。ブレインストーミングの技術を子どもたちが体得すると，意見が多く出されるようになるでしょう。ブレインストーミングのルールは，
①思いついたことはどんどん言おう。
②人の話は最後まで聞こう。
③意見は，先ずは「いいね」で聞こう。
この３つだけです。人の話を最後まで聞くこと，批判しないこと，いきなり否定しないことなどを，丁寧に繰り返し教えます。

（6）解決策を比べる 🍃

　どんな優れた意見にも，メリットとデメリットがあります。それぞれの意見に対して，「それをしたらどうなるか」を考えます。それをすると問題が解決しそうだという場合は，賛成意見になります。それをすると問題が解決しない，いろいろと問題がありそうだということが予想される場合は，反対

意見になります。しかし、「〜に反対です」という言い方はしないようにします。「〜に心配です」という言い方をするようにします。言い方を少し変えるだけで、あたたかな雰囲気の話し合いになります。できるだけ、全ての意見に対して、賛成、心配を指摘するように促します。「誰が言うか」（関係性）ではなく、「何が言われているか」（内容）ということで判断するようにしたいのです。勉強のできる子など、力の強い子の意見がいつも採択されるクラスは、教室内の人間関係に上下関係ができている可能性が指摘されます。

（7）解決策の決定と発表 🐝

　議題が個人の議題の場合は、議題提案者が解決策を選びます。しかし、全員にかかわる議題の場合は、収束しない時は多数決になります。この時に気をつけたいのは、過半数に及ばないものを採択してはならないということです。過半数に及ばないものを採択する場合は、特別な約束がある場合です。そうしないと、決定に反映されない意見が多くなるからです。

　意見の数が多くて、過半数になるものが出ないような事態が想定される場合は、よいと思うモノに全て挙手してもらい、過半数以上のものに絞ってから、決定をするような手続きを教えておくといいでしょう。

（8）実践とフィードバック 🐝

　実は、もっとも大事なパーツはここです。多くの話し合い実践では、教師のエネルギーが、話し合いの完成度を高めることに注がれているのではないでしょうか。話し合いは、60点から70点くらいの出来でいいのです。話し合いによって、「クラスが改善された」、「誰かが助かった」、「誰かに助けてもらった」という事実が大事なのです。子どもたちは、その事実に自信をもち、「話し合ったら変わる」という認識が、話し合いに対する本気度を高めていきます。

　また、クラス会議の効果を決めると言っていい重要な教師の働きかけがあります。それがフィードバックです。フィードバックすることは、主に次

の３つです。

　子どもたちの活動に対して，①評価　②助言　③感情の伝達　です。評価とは，目標に対して「どれくらいできたか」です。そして，助言とは，「どのようにすれば目標達成ができるかのアドバイス」，そして，感情の伝達は，ほとんどの場合「喜びや感謝を伝えること」です。子どもたちのパフォーマンスによって，①〜③の内容や重み，伝える順番などは変化します。

　例えば，子どもたちが，「給食を時間通り始められなくてどうしたらいいか」という議題を話し合い，時間通り始められたとします。そうしたら，

　「自分たちで，解決できたんだね，嬉しいなあ（感情の伝達）。自分たちの力で解決できるクラスってステキだね（評価）」

　この場合は，解決できたわけですから助言は不要でしょう。また，目標達成ができなかった場合です。

　「惜しかったね，あと数分だったね（評価）。授業が終わってから手を洗いにいくまでにちょっとおしゃべりがあったらから，そこをなくせばいいかもね（助言）。きっと君たちなら大丈夫（感情の伝達）」

　しかし，一歩上のクラスを目指すならば，助言のところを「次はどうしたらいいと思う？」と問いかけたいです。いずれにせよ，子どもたちの行動を変容に導くのは，フィードバックの役割が大きいです。子どもたちは，まとまって活動しても，その意味づけはそれぞれ異なります。子どもたちのバラバラな思いを，教師のフィードバックを緩やかに束ねるようにします。

　例えば，問題解決が成功した場合でも，それが運や偶然だと捉える子もいれば，自分たちの努力だと捉える子もいるわけです。運や偶然だと解釈しては，自信や成長につながりにくいわけです。だから，子どもたちのばらけた思いを「がんばったね」「目標に向かって，やろうとした人がたくさんいたね」「あと少しだったね」「前よりよくなったね」と，子どもたちが「より主体的」になり，「より協力」するように意味付けるのです。

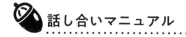

　次頁に，マニュアルを示します。

　マニュアルは最低限度の基準です。守・破・離の守です。子どもたちが慣れてきたら，どうぞ変更してください。

　これは，小学生4〜6年生用です。実施される場合は，児童生徒の発達段階に合わせて変更してください。小学校低学年の1〜3年生の場合は，教師が進めてもいいと思います。

　また，「いきなりクラス会議を始めます」と言っても，違和感を持つ子もいるだろうと思います。中，高学年，中学生以上の場合は，なぜ，教師がこうした時間を実施しようとしているのか，意味を語る必要があろうかと思います。

　また，低学年の場合は，「先生，〜で困っているんだけど，ちょっと助けてくれないかな」「〜についていいアイディアないかな」などと，子どもたちに相談をもちかける形で始めてもいいと思います。

　私が，小学校1年生にクラス会議を取り入れたのは，給食のときに，牛乳用のストローの袋が散乱していたことを何とかしたくて，子どもたちに相談したことが始まりでした。

　「ねえ，みんな，床を見てみて。先生は，こんなにストローの袋が落ちている教室で給食を食べたくないな。みんなはどう？」

　と尋ねると，子どもたちも「やだ〜」と言いました。そこで，

　「だったら，どうしたらストローの袋がなくなるか，なにかいいアイディアないかな」

　すると，子どもたちは，嬉々として解決策を出してくれました。解決策は，単純で「気付いたら拾う」ということでした。たったこれだけのことですが，それまでも何回も注意しても，改善が見られなかったことが，あっという間に解決してしまいました。

クラス会議の進め方

○進め方がわからなくなったときは,「この後,どうしたらいいと思いますか?」とみんなに聞いてみましょう。みんなが相談にのってくれるでしょう。

○下に示したセリフは「例」なので,自分の言いやすいように変えてください。

*は,教師の配慮事項です。これをマニュアルとして子どもたちに渡す場合は,そこを削除してください。

🌱 1　はじめの言葉

①「これから第○回○○会議を始めます」

②「先生,お話ありますか?」

*教師が言いたいことがあるときに言います。クラス会議のスタートは特に,明るい雰囲気づくりを心がけてください。

🌱 2　話し合いの決まり

「話し合いの決まりをみんなで言いましょう」

*クラスに話し合いの決まりなどがない場合は,クラス会議を実施する以前に「みんなで安心して話し合うためのルール」を決めておいた方がいいです。

🌱 3　いい気分・感謝・ほめ言葉

①「『いい気分になったときのこと・感謝したいこと・ほめたいこと』の発表です(考える時間をとります)。では,私(ぼく)から発表します」と言って,司会さんから発表します。

②後は,座っている順番(輪番)で全員に話してもらいます。もし,言えない人がいたら「パスしますか?」と聞いてください。

🌱 4　前回の解決策のふり返り

① 「前回の解決策のふり返りです。前回の議題は〜で，解決策は〜でした。」前回の議題が「個人の議題」だったら，議題提案者に「前回の解決策はうまくいっていますか。うまくいっていませんか」と聞いてください。

② もし，「みんなにかかわる議題」であったなら，みんなに聞いてください。うまくいっていたら，「5　議題の提案」に進みます。

③ もし，うまくいっていなかったら，「今の解決方法をもう1週間続けてみますか，違う方法を試してみますか」と聞いてください。

④ 違う方法を試す場合は，「新しい解決策を提案してください」と言って違う解決策を話し合います。

＊「みんなにかかわる議題」がうまくいっているか，いっていないかの判断基準は，多数決。うまくいっていると思っている子が多数でも，うまくいかないと思っている子がいる場合，「話し合いたいなと思ったら，また，提案してください」などと伝え，次に進みます。

🌱 5　議題の提案

① 「今日の議題です」

② 提案日の早いものから順に取り上げ，読み上げます。そして，提案者に「この議題は話し合ってほしいですか？」と聞いてください。

③ 「話し合ってほしい」と言ったら，話し合います。このとき，提案理由をしっかりとみんなに知らせるようにしてください。解決していたら次の議題です。

④ 議題がはっきりしていなかったら，話し合う前に提案者に「○○さんはどうなってほしいですか？」と聞いて，提案者の願いを確認してください。議題は，「〜するにはどうしたらいいか？」という形にすると話しやすくなります。

⑤ 次に「このことを解決するためにみんなでルールを決めたいです

か？それともアドバイスをしてほしいですか？」と聞き，「みんなの議題（ルール決めなど）」か「個人の議題（悩み相談）」か，確認してください。

⑥もし，提案者が「みんなで決めたい」と言ったら，そうしていいか，みんなに聞いてください。

⑦みんなが，それに賛成したら「みんなの議題」として話し合います。

＊「みんなの議題」にするかしないかの基準も多数決で。もし，「みんなの議題」にすることへの賛成が少数の場合，「個人の議題」として，議題提案者への助言の時間にします。ただし，このとき，議題提案者の思いが，みんなに理解されなかったという印象を与えないように配慮してください。なぜ，みんなの議題にする必要がなかったのかの理由を聞いて，議題提案者が納得するようにしてください。

🌱 6 話し合い

【解決策を集める】

①議題をはっきり言います。

「今日の議題は，○○です。解決策を考えましょう。まわりの人と話し合ってもいいですよ。時間は，○分です。」

②「私から言います」と言って輪番で意見を言います。

③聞いていない人がいたら，「話し合いの決まりを思い出しましょう」とか「聞いていることを態度で示してもらえませんか」などと声をかけてみましょう。

＊話し合いのルールを守れない子がいて，子どもたちだけでは修正が難しいと判断したら，教師が介入しましょう。ただし，無闇に口を出すのは控えましょう。

【解決策をくらべる】

①解決策が一通り出たら，それぞれの考えに対しまず質問を聞きます。

②次に賛成意見や心配意見を聞きます。「それぞれの考えについて賛

成・心配はありませんか」

③輪番で発言します（勿論，パスあり）。ただし，時間がないときは発言したい人に手を挙げて意見を言ってもらいます。

【作戦タイム（考える時間）】

①意見が出なかったら，１分～２分の考える時間をとりましょう。

②「意見が出ないようなので，まわりの人と話し合って考えてください。時間は○分です」

③「作戦タイム」をとっても意見が出ないときは，「もう少し時間が必要ですか」とたずねてください。必要ならば延長してください。

🌱 7　決定（AかBかどちらか選びます。）

A「みんなの議題」のときは多数決をします。「多数決」をします。

　　（例）クラスの約束をつくる。お楽しみ会の計画をする。

＊多数決の基本は，過半数を獲得した意見です。過半数を超えない意見を採択しないようにしてください。数回多数決をして，その都度，相対的な上位の多数意見を残しながら，意見の数を絞っていくといいでしょう。その場合，採択されなかった意見を支持した子への配慮をする声かけをするようにしたいものです。

B「個人的な議題」のときは提案者に解決策を選んでもらいます。

　　「○○さん，やってみたい方法はありますか」

　　（例）ある人が，自分の消しゴムを勝手に使って困っている。

🌱 8　決まったことの発表

「黒板書記さん，決まったことを発表してください」

🌱 9　おわりの言葉

終わりに司会さん，副司会さん，一言お願いします。

○いいなと思った意見とその理由。

○みんなのがんばったところの紹介，みんなへの感謝の気持ち。
○自分のめあてができたかどうか。

🌱 10　先生のお話

＊子どもたちの話し合いの様子について，よかったところを中心にフィードバックしてください。また，実践への意欲が高まるような声かけをします。

🌱 11　あいさつ

「これで，第○回○○会議を終わります」

マニュアルは「最低限度の基準」と言ったように「育てる」ものです。クラス会議の回数を重ねるほどに，付箋が付いたり書き込みが入ったり，場合によっては本文が原型を留めないくらいに変更されたりしていっていいのもだと思います。それが，クラスのカルチャーを作っていきます。カルチャーは文化などとして訳されますが，この場合は，集団のメンバーが「信じること」「大切にするか」「すべきこと」を示し，コミュニケーションや考え方や行動についての基盤となる信念や習慣やルールのようなものを意味します。

優れた集団は，優れたカルチャーをもっています。クラス会議を実施することで，「困ったら相談しよう」「困っている人がいたら支援しよう」「大切なことはみんなで決めよう」「決めたらやってみよう」「諦めずにチャレンジしよう」などの，生きる上で必要な価値，スキル，態度を身に付けていくことができます。子どもたちが，

> 自分の幸せを創るために本当に必要な力を育てること

それが今の学校に求められていることではないでしょうか。

おわりに

「学級経営ってなんですか？」

よく聞かれますが，明確な定義がないのでなんとも答えようがありません。きっと「～すること」とか「～ことである」と言った瞬間に「それは違う」とあちこちからツッコミが入ることでしょう。講演会では，校長先生クラスの方が「学級経営って理論があるんですね？」とか「初めて学級経営の話を聞きました！」と言ってきたり，教員免許更新講習をすると10年目，20年目のベテランが「未だに学級経営，わかりません」「学級経営に自信がもてません」と発言するのを耳にします。

しかし，スキーというスポーツを定義できなくてもスキーをすることができます。ギターという楽器を定義できなくても演奏することはできます。カレーという食べ物を定義できなくても，作ることはできるし食べることもできます。

学級経営そのものを説明できなくても，学級経営をすることはできるのです。それに，概念や定義がよくわからなくても，その構成要素を説明することはできます。スキーを定義できなくても，スキーという運動の構成要素は説明できるでしょう。スキー板，ストック，スキーウエアなどの道具面，体重移動の方法などの技術面，そして，恐怖心やチャレンジ精神などのメンタル面など，必要なことを説明できる人は少なくないと思います。イメージと構成要素がある程度わかれば，それなりに実行することは可能です。

「学級経営大全」とは，大層なタイトルをつけたと思われた方もいるでしょう。大全とは「十分に完備していること」を意味します。定義ができないならできないなりに，大枠を示すことで，学級経営のイメージをつくっていただこうと思いました。6章から成る本書のあらすじを，ザックリと語るとこうなります。

「学級経営は簡単じゃないかもしれないけど，うまくやればめっちゃ仕事楽しくなるよ，うまくやるにはポイントがあるんだよ（第1章）。どんなにいいクラスをつくってもやっぱり子どもは問題行動するよ，そんなときには，

子どもの問題行動と闘うのではなく理解するんだよ（第2章）。安定するクラスは，子ども同士の人間関係がいいクラスだよ，だから，優先順位を上げて取り組もう（第3章）。学級経営って，学活ばかりじゃないよ教科指導以外の時間にこそしっかりやろうよ，だって教科指導は学校生活の7割の時間だから（第4章）。いじめは起こるべくして起こるから，いじめをなくすのはもちろんだけど，子どもたちにいじめと闘う方法を教えた方がいいよ（第5章）。子どもたちが激変の時代を生き抜く力をつけるのは，環境が大事なんだよ，その環境をつくるためにクラス会議って効果的らしいよ（第6章）。」

　こんな感じです。保護者との関係のつくり方とか教室掲示の方法とか，同僚・管理職とのかかわり方とか，子どもたちが引きつけられる具体的な活動とか，まだまだ学級経営の構成要素はあります。しかし，技術的なものは直ぐに古くなります。また，地域，発達段階，何よりも子どもの実態によってフィットする技術は異なります。今，学級担任にとって大事なことは，状況や変化と対話するような柔軟性なのです。技術が無駄だとは言いません。しかし，応用や活用を可能にするのは，考え方なのです。

　考え方は，一度や二度ではなかなか自分の中には入ってきません。繰り返しお読みいただくことによって，変化をもたらします。考え方が変わると見方が変わります。見方が変われば，見失っていた希望が見えることでしょう。本書は，未完の大全ですが，みなさんの楽しい学級担任ライフの一助になることを願っています。

　さて，本書のイラストを担当してくれたのは，私のゼミの原田知香さんです。原田さんは，忙しい卒論製作の合間を縫ってたくさんの作品を心を込めて描いてくれました。また，いつもながら明治図書の及川誠さん，西浦実夏さんのご尽力により本書を世に出すことができました。ありがとうございました。

　2020年3月

赤坂　真二

【著者紹介】

赤坂　真二（あかさか　しんじ）

1965年新潟県生まれ。上越教育大学教職大学院教授。学校心理士。19年間の小学校勤務では，アドラー心理学的アプローチの学級経営に取り組み，子どものやる気と自信を高める学級づくりについて実証的な研究を進めてきた。2008年4月から，即戦力となる若手教師の育成，主に小中学校現職教師の再教育にかかわりながら，講演や執筆を行う。

【著書】

『スペシャリスト直伝！　学級づくり成功の極意』(2011)，『スペシャリスト直伝！　学級を最高のチームにする極意』(2013)，『スペシャリスト直伝！　成功する自治的集団を育てる学級づくりの極意』(2016)，『スペシャリスト直伝！　主体性とやる気を引き出す学級づくりの極意』(2017)，『最高の学級づくりパーフェクトガイド』(2018)，『資質・能力を育てる問題解決型学級経営』(2018)，『アドラー心理学で変わる学級経営』(2019，以上明治図書) 他，編著書など多数。

DVDに「明日の教室DVDシリーズ49弾　学級集団づくりとアドラー心理学とクラス会議と」(有限会社カヤ) がある。

〔本文イラスト〕原田知香

学級経営力向上シリーズ

学級経営大全

| 2020年3月初版第1刷刊 ©著　者 | 赤　　坂　　真　　二 |
| 2020年6月初版第2刷刊 発行者 | 藤　　原　　光　　政 |

発行所　明治図書出版株式会社

http://www.meijitosho.co.jp

(企画)及川　誠 (校正)及川　誠・西浦実夏

〒114-0023　東京都北区滝野川7-46-1

振替00160-5-151318　電話03(5907)6703

ご注文窓口　電話03(5907)6668

＊検印省略　　　　　　組版所 株式会社アイデスク

本書の無断コピーは，著作権・出版権にふれます。ご注意ください。

Printed in Japan　　ISBN978-4-18-339922-9

もれなくクーポンがもらえる！読者アンケートはこちらから